सुरजीत पातर

सुरजीत पातर का जन्म पत्तड़ कलाँ, कपूरथला, पंजाब में 14 जनवरी, 1946 को हुआ। पंजाबी विश्वविद्यालय, पटियाला से पंजाबी साहित्य में एम.ए. करने के बाद वे पंजाब कृषि विश्वविद्यालय, लुधियाना के भाषा-साहित्य-संस्कृति एवं पत्रकारिता विभाग में प्रवक्ता नियुक्त हुए। वहाँ लम्बे समय तक अध्यापन किया। शुरू में उनकी कविताएँ पत्र-पत्रिकाओं में प्रकाशित होती रहीं। 1973 में पहली बार पंजाबी के तीन युवा रचनाकारों ने अपना सम्मिलित लेखन पुस्तक रूप में प्रकाशित किया 'कोलाज किताब' शीर्षक से, जिनमें एक सुरजीत पातर थे। पातर का पहला स्वतंत्र संग्रह 'हवा विच लिखे हर्फ़', जिसमें केवल ग़ज़लें शामिल थीं, 1979 में उस समय प्रकाशित हुआ जब उनकी उम्र 33 वर्ष थी। 1986 में पंजाब कृषि विश्वविद्यालय ने एक पुस्तिका प्रकाशित की—'सूरज दा हमसफर', जिसमें पातर की चुनिंदा दस ग़ज़लें और सात कविताएँ शामिल थीं। फिर एक लम्बे अन्तराल के बाद 1992 में उनकी अधिकांश काव्य-रचनाएँ दो संग्रहों में एक साथ प्रकाशित हुईं—'बिरख अर्ज़ करे' और 'हनेरे विच सुलगदी वर्णमाला'। इनमें से दूसरे संग्रह पर पातर को 1993 का 'साहित्य अकादेमी पुरस्कार' प्राप्त हुआ। 2012 में उन्हें 'पद्मश्री' से अलंकृत किया गया।

11 मई, 2014 को लुधियाना, पंजाब में उनका निधन हुआ।

चमन लाल

चमन लाल का जन्म 27 अगस्त, 1947 को भटिंडा, पंजाब में हुआ। उन्होंने एम.ए., पी-एच.डी. की डिग्री हासिल की। मुम्बई के कॉर्पोरेशन बैंक में हिन्दी अधिकारी और 'जनसत्ता' के उप-सम्पादक रहे। जवाहरलाल नेहरू विश्वविद्यालय, भारतीय भाषा केन्द्र, नई दिल्ली में हिन्दी अनुवाद के प्रोफेसर रहे।

हिन्दी, पंजाबी व अंग्रेज़ी में उनकी कई पुस्तकें प्रकाशित हैं, जिनमें प्रमुख हैं—'यशपाल के उपन्यासों में राजनीतिक चेतना', 'पंजाबी नावल ते देश दी वंड दा प्रभाव', 'भगतसिंह और उनके साथियों के दस्तावेज़' (डॉ. जगमोहन सिंह के साथ सम्पादन), 'क्रान्तिवीर भगत सिंह : अभ्युदय और भविष्य', 'प्रतिनिधि हिन्दी उपन्यास', 'भारती जेलां विच पंज वर्हे' (मेरी टाइलर) तथा 'साहित ते इन्कलाब (लू शुन के चुने हुए लेख)।

कभी नहीं सोचा था

सुरजीत पातर

चयन-सम्पादन-अनुवाद
चमन लाल

सारांश

पहला सजिल्द संस्करण
सारांश प्रकाशन द्वारा
1998 में प्रकाशित

सारांश पेपरबैक्स में
पहला संस्करण : 2024

सारांश पेपरबैक्स : उत्कृष्ट साहित्य के जनसुलभ संस्करण

सारांश प्रकाशन
दरियागंज, नई दिल्ली-110 002

एकमात्र वितरक
राजकमल प्रकाशन प्रा. लि.
1-बी, नेताजी सुभाष मार्ग, दरियागंज
नई दिल्ली-110 002
शाखाएँ : अशोक राजपथ, साइंस कॉलेज के सामने, पटना-800 006
पहली मंजिल, दरबारी बिल्डिंग, महात्मा गांधी मार्ग, प्रयागराज-211 001
1, अनमोल सोराबजी सन्तुक लेन, धोबी तलाव, मरीन लाइंस, मुम्बई-400 002
वेबसाइट : www.rajkamalprakashan.com
ई-मेल : info@rajkamalprakashan.com

मुद्रक : विकास कंप्यूटर एंड प्रिंटर्स
ट्रॉनिका सिटी-201 102

मूल्य : ₹250

KABHI NAHIN SOCHA THA
Poems by Surjeet Patar
Translated and Edited by Chaman Lal

ISBN : 978-93-6086-045-5

कभी नहीं सोचा था

क्रम

सुरजीत पातर की काव्य-संवेदना

सातवें दशक में उभरे पंजाबी कवि सुरजीत पातर इस समय पंजाबी कविता में एक पूरी धारा के प्रतिनिधि वरिष्ठ कवि का सम्माननीय दर्जा प्राप्त कर चुके हैं। सातवें दशक में उभरी पंजाबी कविता ने भारतीय कविता में दो ऐसे नाम दर्ज करवाए, जिनके बिना पंजाबी कविता के ही नहीं बल्कि भारतीय कविता के आधुनिक परिदृश्य की परिकल्पना नहीं की जा सकती। ये नाम हैं—पाश और पातर।

1946 में जन्मे पातर ने पंजाबी विश्वविद्यालय, पटियाला में उच्च शिक्षा प्राप्त करते हुए ही प्रतिभाशाली कवि के रूप में अपनी पहचान स्थापित कर ली थी और इसके बाद उनकी कविता ने निरन्तर विकास किया है। कविताओं के प्रकाशन के प्रति पातर काफ़ी समय सुस्ती से काम लेते रहे हैं; फिर भी पत्र-पत्रिकाओं में प्रकाशित छिटपुट कविताओं से ही उन्हें महत्त्वपूर्ण कवि का दर्जा प्राप्त हो गया था। इस सन्दर्भ में वे हिन्दी-कवियों—मनमोहन और आलोकधन्वा के निकट हैं। पातर के समकालीन पाश का पहला कविता-संग्रह 1970 में ही प्रकाशित हो गया था, जब उनकी आयु कुल बीस वर्ष की थी। सुरजीत पातर का पहला संग्रह 'हवा विच लिखे हर्फ़', जिसमें केवल ग़ज़लें शामिल थीं, 1979 में तब प्रकाशित हुआ, जब उनकी आयु 33 वर्ष की हो गई थी। हालाँकि इस पूरे दौर में यानी 1967-68 के बाद पातर की कविताएँ—'बूढ़ी जादूगरनी', 'घर्र-घर्र', 'अब घरों को लौटना' आदि ख़ूब चर्चित रहीं।

1986 में पंजाब कृषि विश्वविद्यालय लुधियाना की ओर से, जहाँ के भाषा, साहित्य एवं पत्रकारिता विभाग में पातर प्राध्यापक हैं, एक पुस्तिका प्रकाशित की गई—'सूरज दा हमसफर'। इसमें पातर की चुनिंदा दस ग़ज़लें व सात कविताएँ प्रकाशित की गईं। लेकिन इन संग्रहों से भी पहले 1973 में पंजाबी के तीन युवा लेखकों ने अपना सम्मिलित लेखन प्रकाशित किया था—'कोलाज किताब' शीर्षक से। इसमें पातर की नौ कविताएँ, जोगेंद्र कैरों की चार कहानियाँ और

प्रमिंदरजीत की आठ कविताएँ एक साथ प्रकाशित की गई थीं। वास्तव में पातर की यही कविताएँ 'सूरज दा हमसफर' में भी दोहराई गईं।

इस बीच पातर केवल बौद्धिक पाठकों में ही नहीं बल्कि अपने तरन्नुम के कारण सामान्य श्रोताओं में भी ख़ूब लोकप्रिय हो रहे थे।

1992 में अन्तत: पातर ने अपनी अधिकांश काव्य-रचना को दो संग्रहों में एक साथ प्रकाशित किया। ये संग्रह हैं—'विरह अर्ज़ करे' और 'हनेरे विच सुलगदी वर्णमाला'। इन्हीं में से अन्तिम संग्रह 'हनेरे विच सुलगदी वर्णमाला' पर पातर को साहित्य अकादेमी पुरस्कार 1993 में प्राप्त हुआ।

पातर ने जित दौर में अपनी काव्य-रचना की शुरुआत की, वह वामपंथी उथल-पुथल का दौर था। पंजाबी विश्वविद्यालय, पटियाला, जहाँ पातर उन दिनों छात्र थे, नक्सलवादी गतिविधियों का केन्द्र था। पातर स्वयं तो राजनीतिक कार्यकर्ता नहीं थे, किन्तु उनके कई घनिष्ठ मित्र नक्सलवाद से प्रभावित छात्र-संगठन 'पंजाब स्टूडेंट्स यूनियन' में सक्रिय थे। राजनीतिक कार्यकर्ताओं का भी छात्रावासों में ख़ूब आना-जाना था। पातर के अत्यन्त संवेदनशील मस्तिष्क पर उन दिनों की घटनाओं का बहुत गहरा प्रभाव पड़ा है। वे नक्सलवादी आन्दोलन के राजनीतिक पक्ष से तो शायद उस हद तक प्रभावित नहीं रहे होंगे, लेकिन उसके मानवीय पक्षों—नवयुवकों की त्याग-भावना, आन्दोलन में मर-मिटने का जज़्बा, समाज में क्रान्तिकारी परिवर्तन लाने की उत्कट इच्छा, उन युवकों में मानवीय स्तर पर भाव-प्रवणता व ऊष्म मानवीय सम्बन्ध आदि—ने पातर को कहीं गहरे तक प्रभावित किया और इस प्रभाव को उन्होंने अपने सहज सौन्दर्यबोध एवं कल्पनाशीलता से सृजनात्मक रूप दिया। पातर की आरम्भिक कविताओं में राजनीतिक घटनाओं का मुखर प्रभाव भी देखा जा सकता है, किन्तु कविता के प्रौढ़ एवं परिपक्व होने की प्रक्रिया में यह प्रभाव सांकेतिक एवं परोक्ष रूप लेने लगता है। इस प्रकार सातवें दशक में नक्सलवादी आन्दोलन के प्रभाव में ही दो सशक्त कवि उभरे, किन्तु दोनों की अभिव्यक्ति बिलकुल भिन्न हैं। एक छोर पर पाश हैं—अत्यन्त मुखर, विद्रोही, चुनौतीपूर्ण मुद्रा लिये हुए; और दूसरे छोर पर पातर हैं—व्यंग्य, विडम्बना एवं कलात्मक औज़ारों के साथ गहरी मानवीय भावना से ओतप्रोत।

ऐसा नहीं कि नक्सलवादी प्रभाव में पंजाबी कविता इन दो कवियों तक ही सीमित है; दरअसल इस प्रभाव में कवियों की एक पूरी पंक्ति विकसित हुई, जिनमें कुछ कवि पाश व पातर से पहले भी प्रतिष्ठित हो चुके थे—जगतार, मोहनजीत, प्रमिंदरजीत, लालसिंह दिल, अमरजीत चंदन, संतराम उदासी, हरभजन हलवारवी,

हरभजन हुंदल आदि अनेक नये-पुराने कवियों ने इस प्रभाव को आत्मसात किया और अपने काव्य-व्यक्तित्व को निखारा, किन्तु पाश व पातर इस परम्परा की कविता की सर्वोच्च उपलब्धि साबित हुए।

सुरजीत पातर ने अपने क़रीब तीस वर्ष के रचनाकाल में अब तक लगभग दो सौ कविताओं की रचना की है, जिनमें सौ के क़रीब ग़ज़लें भी शामिल हैं। हालाँकि उनका रचना-कर्म आज भी निरन्तर विकास की ओर अग्रसर है, किन्तु उनकी अब तक प्रकाशित रचनाओं के आधार पर उनकी काव्य-संवेदना का जो बिम्ब उभरता है, उसमें सर्वप्रमुख पक्ष है उनकी गहरी मानवीय अनुभूति, जो अमूर्त न होकर गतिशील इतिहासबोध से अनुप्राणित है। उनकी यह मानवीय अनुभूति जीवन के किसी एकांगी पक्ष तक सीमित नहीं बल्कि समाज और व्यक्ति दोनों को गहरी संवेदना से अपने काव्य-लोक में समेटती है। समाज और व्यक्ति के भी अनेकानेक पक्षों को उन्होंने अपनी रचना का विषय बनाया है। इसके साथ ही वे रचना के कलात्मक पक्ष के प्रति भी अत्यन्त सजग कवि हैं। उन्हें सौन्दर्यबोधयुक्त कवि भी माना जाता है। अपनी कविता में लय, गेयता एवं संगीतात्मकता के प्रति वे अत्यन्त सचेत हैं। यही वजह है कि शिवकुमार बटालवी के बाद किसी कवि के यदि कैसेट बने हैं और लोकप्रिय हुए हैं तो पातर की ग़ज़लों/गीतों व कविताओं के ही; यहाँ तक कि उनकी कविताओं का मंचन भी हुआ है।

सुरजीत पातर किस हद तक आत्मसजग कवि हैं, इसका अनुमान उनके किसी भी संग्रह में शामिल न की गई कविता 'शायरी' से लगाया जा सकता है, जहाँ वे अपने कवि-रूप की कल्पना 'सितारों के क्लर्क/हवाओं के स्टेनोटाइपिस्ट/आत्मा के ग़ुलाम' रूप में करते हैं, जो रोज़ सुबह-शाम अँधेरे तथा रोशनी को ढोता है; लेकिन कवि ऐसा क्लर्क/टाइपिस्ट है जो चौबीसों घंटे ड्यूटी पर है, उसे आधी-आधी रात को हवाओं से फ़रमान (काव्यात्मक अनुभूति) आते हैं। कवि धूपों का टेलिप्रिंटर पढ़कर मृतकों/पितरों की अदालत में मुक़दमों में पेश होता है।

एक ईमानदार कवि को अपनी आत्मा को जिलाए रखने के लिए इस हद तक आत्मसंघर्ष करना पड़ता है कि यह थककर कह उठता है :

मुझसे नहीं हो पाती इतनी ग़ुलामी
मैं बाज़ आया शायरी से।

इस कविता को कवि ने शायद कमज़ोर कविता समझकर अपने संग्रहों में जगह नहीं दी है, किन्तु कवि के अन्तःकरण में चलनेवाली काव्यात्मक प्रक्रियाओं की इससे अच्छी जानकारी मिलती है।

पातर के काव्यात्मक बोध का परिचय उनके संग्रहों की संक्षिप्त भूमिकाओं से भी मिलता है। 'हवा विच लिखे हर्फ़' की 1979 के प्रथम संस्करण की भूमिका उन्होंने 1981 के दूसरे संस्करण से निकाल दी, क्योंकि उनके कवि को लगा कि वह भूमिका में अपनी 'ग़ज़ल-रचना की सफ़ाई' देने लगा था। कवि अपनी ग़ज़लों में विनम्रता की सीमा लाँघकर कहे गए बोलों के लिए क्षमा-याचना भी करता है।

'बिरख अर्ज़ करे' की संक्षिप्त भूमिका में कवि ने कविता की सामान्य रचना-प्रक्रिया के सन्दर्भ में अपनी रचना-प्रक्रिया का ज़िक्र किया है : "बिम्ब व ध्वनि शायद कवि के अर्द्ध-चेतन मन से उठते हैं और कविता के सृजन के समय सचेतन मन उस ध्वनि व बिम्ब को सँभालने का ही प्रयास करता है।" पंजाबी के प्रथम कवि शेख फरीद और यूनानी लेखक कज़ान ज़ाकिस का प्रभाव स्वीकार करते हुए कवि इस संग्रह की कविताओं को अपने 'मन की धूप-छाँह' से चिह्नित करता है।

'हनेरे विच सुलगदी वर्णमाला' में कवि ने भूमिका या 'आदिका' रूप में अपनी कविता की पहचान के लिए कविता का सृजन किया है, जिसमें वह अपनी कविता के सम्बन्ध में कहता है :

ये मेरे रक्त की लिपि के उदास अक्षर
मेरे अँधेरे के अक्षर
उदास उपनिषद्
तपती तवारीख़
मेरा आहत नाद
एक सुलगती किताब।

इस कविता में वे 'यादों की अस्थियाँ जलप्रवाह' करने और 'पुरखों से वारिसों तक' अर्थात् भूत से भविष्य तक से सम्बन्ध स्थापित करते हैं। अपनी जानी-पहचानी विनम्रता के अन्दाज़ में कवि कहता है :

यह कविता कुछ भी नहीं
तपते अहं का स्वरबद्ध संताप है,
एक वियोगग्रस्त मन का विलाप है।

ज़ाहिर है कि तीव्र सहजानुभूतिसम्पन्न होने के साथ-साथ पातर अत्यन्त सचेत व सजग कवि हैं।

इतिहासबोध व उदासी की भावना कवि के पूरे रचना-कर्म में व्याप्त देखी जा सकती है, किन्तु उदासी की यह भावना निराशा या हताशा की ओर ले जानेवाली नहीं बल्कि जीवन के प्रति अधिक संवेदनशील बनानेवाली है। पंजाब की स्थिति पर रची कुछ छोटी कविताओं, जैसे—"मातम/हिंसा/ख़ौफ़/बेबसी और अन्याय—ये हैं आजकल नाम मेरे दरियाओं के" या फिर पाश की दुखद हत्या पर रचित कविता : "एक लरज़ता नीर था/जो मरके पत्थर हो गया"—में व्याप्त उदासी गहरी हताशा का आभास तो देती है, किन्तु पाठक से माँग अधिक संवेदनशीलता की ही करती है।

जिस कविता से पातर पंजाबी के काव्य-जगत में ख़ूब चर्चित हुए, वह है— 'बूढ़ी जादूगरनी कहती है'। यह छठे दशक का अन्त और सातवें दशक का आरम्भिक दौर था जब श्रीमती इन्दिरा गांधी सत्ता के केन्द्र में भी थीं और सत्ता का प्रतीक भी। नक्सलवादी युवकों ने क्रान्ति का बिगुल बजाया, और उस माहौल में विद्रोहियों को या तो मीठे ज़हर से या फिर सीधे ख़त्म कर देने की जो स्थिति बनी, उसे तीव्र व्यंग्य के माध्यम से पातर ने इस कविता में प्रस्तुत किया है :

तेरा भी नाम रखेंगे
तेरी छाती पर भी ख़ंजर या तमगा रख देंगे
जीने लायक़ तो हो
तेरी भी हत्या कर देंगे

पूरी कविता सत्ता के दमनकारी व तिकड़मी दोनों पक्षों को सूक्ष्म व्यंग्य की धार के साथ प्रस्तुत करती है।

इसी कालखंड में उनकी कविता 'अब घरों को लौटना' न केवल अत्यन्त लोकप्रिय हुई, बल्कि हिन्दी-पाठकों में पंजाबी से भी अधिक मकबूल हुई। यह वह दौर था, जब युवक घरों से निकलकर क्रान्ति के ऐसे रास्ते पर चल पड़े थे, जिसकी दिशा का तो उन्हें अनुमान था, किन्तु दशा का नहीं और जिसकी दशा ने न उनके लिए लौटने की गुंजाइश छोड़ी और न आगे बढ़ने की, क्योंकि आगे बीहड़ ही बीहड़ था और रास्ता गहरे अँधेरों में खोया हुआ। इस कविता में पातर की चिर-परिचित उदासी अपने उत्कट रूप में मौजूद है :

अब घरों को लौटना बहुत मुश्किल है
हमें कौन पहचानेगा
माथे पर मौत दस्तख़त कर गई है

चेहरे पर यार पदचिह्न छोड़ गए हैं
दर्पण से झाँकता है कोई और

'ख़तों की प्रतीक्षा' में पातर की गेय कविता सामने आती है। इसी बीच अपनी बहुचर्चित कविता 'घर्र-घर्र' में पातर अपने व्यंग्य की धार बुद्धिजीवियों पर केन्द्रित करते हैं किन्तु 'पुल' शीर्षक कविता में यह धार अहंकारी पार्टी कार्यकर्ताओं की ओर रुख़ करती है।

पातर की कुछ ऐसी कविताएँ भी हैं, जो प्रकाशित तो सातवें दशक के आरम्भ में हुईं, लेकिन जिन्हें आठवें दशक के अन्तिम दौर में या नवें दशक में पंजाब के आतंकवाद प्रभावित दौर में इस प्रकार प्रस्तुत करने की कोशिश की गई जैसे ये कविताएँ उन दिनों राज्य के दमन के सन्दर्भ में लिखी गई हों। ऐसा शायद इसलिए हुआ कि कवि अपनी संवेदना में हर प्रकार के दमन व अत्याचार का विरोधी रहा है। 'एक दरिया' कविता में ऐसी ही स्थिति का चित्रण है जिसमें निर्दोष युवकों को मारकर रात के अँधेरे में सतलुज नदी में बहा दिया जाता है। कवि राज्य की श्मशानी अमन-शान्ति पर तीव्र व्यंग्य करता है :

अमन शान्ति शायद उस चुप को कहते हैं
गोली-बिंधी छाती ते जो ख़ून की तरह रिसती है
अमन शान्ति शायद आत्मा का सोना है
जज़्बों का मारना है
आदमी की जगह
बुतों का बनना है।

यह कविता सहज ही पाश की कविता 'युद्ध और शान्ति' कविता की याद दिला देती है। 'मुस्कराता बुत' शीर्षक कविता में भी इसी प्रकार विद्रोहियों को मारकर उनके बुत पूजने की स्थिति पर कटाक्ष किया गया है। 'दीवार की जीभ' कविता में कवि ने शासकों द्वारा रचे गए इतिहास को चुनौती दी है और कहा है कि अगर दीवारें बोल उठीं तो पूरा इतिहास ही अलग नज़र आएगा।

'चौक शहीदाँ में उसका आख़िरी भाषण' कविता भी पिछले दिनों बहुत चर्चित हुई, हालाँकि इस कविता का रचनाकाल भी सातवाँ दशक ही था। इस कविता में कवि दमनकारी स्थितियों का चित्रण तो करता ही है, उसकी आत्मा सच्चे जनतंत्र की पुकार भी करती है। कवि चौक को एक ऐसी जगह के रूप में देखता है, जहाँ चारों रास्तों से आकर लोग मिलते हैं, रास्तों की तलाश भी करते हैं, लेकिन अब :

जिस चौक में
अपने हस्सास हँसमुख हमउम्रों का ख़ून गिर जाए
वह चौक फिर चौरस्ता नहीं रहता।

'कभी नहीं सोचा था' में कवि अपने ही सौन्दर्यबोध को सामाजिक उत्पीड़न के सामने नि:सार मानता है :

जब कभी अचानक
बन्दूक़ की नली से निकलती आग से
पढ़ने गए हुओं की छाती पर
उनका भविष्य लिखा जाता है

× × ×

तो मेरा जी करता है
जंगल में छिपे गुरिल्ले से कहूँ
ये लो, मेरी कविताएँ जलाकर
आग सेंक लो

उदासी पातर की कविता में इतने गहरे तक समाई है कि एक कविता का शीर्षक ही 'उदास दिन' है—अत्यन्त संवेदनशील होकर लिखी गई इस कविता की शुरुआत देखें :

आज बहुत उदास दिन है
और इससे भी उदास दिन चौखट के बाहर खड़ा है
और उसके पीछे उससे भी उदास दिन
उदास दिनों की क़तार है दूर तक
उदास दिनों की फ़ौज
और मेरी आँखों में सिर्फ़ नमी

लेकिन यह उदासी किसी व्यक्तिगत हताशा की उदासी नहीं है, यह उदासी व्यापक मानवीय सरोकारों से उत्पन्न उदासी है, क्योंकि :

मर रहा है चुपचाप
एक दूसरे का सहारा
सही बात पर खड़े होने का हौसला

जीने का अर्थ तो दूर की बात है
जीने का चाव भी मर रहा है।

जीवन में मानवीयता और सही जीवन-मूल्य—इन्हीं की तलाश में सुरजीत पातर की कविता उदास है।

जीवन की निपट व्यक्तिगत संवेदनाओं को भी पातर ने अपनी कविता में ऐसा सौन्दर्यबोधात्मक रूप दिया है कि देखते ही बनता है। 'अन्तर संवाद' में राधा-रुक्मिणी-कृष्ण के प्रेम-त्रिकोण को आधुनिक मनुष्य की नियति के सन्दर्भ में बड़े कलात्मक ढंग से चित्रित किया गया है। 'मैं बढ़ता हूँ तुम्हारी ओर' में भी सामाजिक मूल्यों एवं व्यक्ति की निजी चाहनाओं के बीच दुविधाजन्य तनाव से कविता उत्पन्न हुई है।

पुरखों से संवाद पातर की अनेक कविताओं में मिलता है। इतिहास और मनुष्य के सम्बन्ध भी पातर की काव्यानुभूतियों को उत्तेजित करते हैं। 'इतिहास' शीर्षक कविता में उनका गतिशील इतिहासबोध बड़े प्रखर रूप से व्यक्त हुआ है—

इतिहास तो हर पीढ़ी लिखेगी

× × ×

समय की कोई अन्तिम अदालत नहीं
और इतिहास आख़िरी बार कभी नहीं लिखा जाता

आदमी का अन्त:संघर्ष और उपभोक्तावादी समाज में ईमानदार आदमी का अपनी अच्छाई को बचाने के लिए तीव्र दुविधा से गुज़रना पातर की कविता का सशक्त प्रेरणास्रोत है। 'आत्मोपदेश' कविता इन दुविधाओं और अन्त:संघर्षों की सशक्त अभिव्यक्ति है :

पक्का घर भी ज़रूरी सही
लेकिन ज़िन्दगी की अच्छाई में
उसका पक्का विश्वास भी ज़रूरी है
हमारे बच्चे के लिए
हमारी लम्बी उम्र भी ज़रूरी सही
लेकिन हमारा जगमगाता इतिहास भी ज़रूरी है

'ख़ौफ़' शीर्षक कविता में आतंक के साए में सभ्यता-पूर्व के बर्बर युग में लौटने की भयावह स्थिति अंकित हुई है। लेकिन 'तैयारी' कविता में वे इन

स्थितियों के प्रतिरोध का आह्वान करते हैं।

उपरोक्त सभी उद्धरण पातर के सर्वाधिक महत्त्वपूर्ण संग्रह 'हनेरे विच सुलगदी वर्णमाला' से हैं, जिसकी अन्तिम कविता मानव-मुक्ति का ज्वलंत दस्तावेज़ है। कविता का शीर्षक है 'हज़ारों परिंदे' :

हज़ारों परिंदे
मेरे मन में क़ैदी
सुनूँ रात-दिन मैं
ये देते दुहाई :
रिहाई
रिहाई...

संगीतात्मक लय में रचा यह गीत पातर की सर्वश्रेष्ठ मानवीय भावनाओं की प्रतिनिधि रचना है, जो उनके पूरे काव्य में विभिन्न रूपों में प्रस्फुटित हुई है।

'बिरख अर्ज़ करे' संग्रह के केन्द्र में पंजाब की पिछले दस-बारह वर्ष की स्थितियाँ हैं और विधा के रूप में इसमें गीत व ग़ज़लें ही अधिक हैं, उन्मुक्त कविताएँ कम। संग्रह को आरम्भिक कविता पाश की दुखद हत्या पर रची गई उनकी चर्चित कविता है—'एक लरज़ता नीर'। उन्होंने इस कविता में सांकेतिक रूप से पंजाब के आतंकवादी दौर को—जिनमें आतंकवादी संगठनों तथा राज्य की दमनकारी मशीनरी दोनों का जन-सामान्य पर आतंक शामिल था—कवि और कविता के लिए सर्वाधिक घातक बताया है :

एक शायर बच रहा
संवेदना संग लरज़ता
इतने पत्थर
वह तो गिनती करता पत्थर हो गया।

'गहरे क्रंदनों का क्या मापना' में उन्होंने चुनाव-राजनीति को राजनीतिज्ञों द्वारा जन-सामान्य में आग भड़काए जाने तथा लाशों की गिनती को मतों की गिनती से जोड़कर देखा है। 'सुलगता जंगल' में पंजाब की सुलगते जंगल के रूप में कल्पना करते हुए राजनीतिज्ञों की कुटिल चालों को ही पंजाब की पिछले वर्षों की स्थिति के लिए ज़िम्मेदार ठहराया है। 'कवि साहिब' कविता में कवि ने ख़ुद अपने कवि-भाइयों पर कटाक्ष किया है, जो डर के कारण अपनी ही कविता की हत्या कर देते हैं। कवि का प्रश्न है :

कवि साहिब
आप कवि हो या कविता के क़ातिल हो?

किन्तु कवि इसके लिए आतंक को भी दोषी मानता है :

हमारे वक़्त में ख़ौफ़ के मारे
कवि भी बन गए
कविता के हत्यारे

'नज़र' उनका अत्यन्त लोकप्रिय गीत है, जिसमें वे जनश्रुति को औज़ार के रूप में इस्तेमाल करते हैं। नज़र लगने पर कड़वी मिर्चें वारने के जन-विश्वास को रूपक में बाँधते हुए वे पंजाब की स्थिति को 'नज़र लगी स्थिति' के रूप में देखते हैं, और इसकी नज़र उतारने के लिए कड़वी मिर्च इसके सिर पर से वारने की बात करते हुए कुछ ऐतिहासिक ग़लतियों को रेखांकित करते हैं, जिनमें कुछ हैं पंजाबियों द्वारा अपनी मातृभाषा पंजाबी को न अपनाना, निर्दोष लोगों की हत्याएँ आदि। 'फ़ैसले होंगे' कविता में भी वे न्याय के अभाव में पनप रहे आतंक व निर्दोष लोगों के रक्तपात पर अपना दुख काव्यात्मक रूप में अभिव्यक्त करते हैं। इस संग्रह में भी उनकी कुछ पुरानी चर्चित कविताएँ जैसे 'पछुवा और पुरवइया', 'एक दरिया' आदि शामिल हैं। यह संग्रह वास्तव में पंजाब के दुर्दिनों की व्यथा व्यक्त करता है।

संग्रह का एक अन्य प्रसिद्ध गीत है—'पहले वारिस शाह को बाँटा था (1947) में, अब शिवकुमार को बाँटने की कोशिश हो रही है'। कवि पूरे दुख से पूछता है कि क्या पुराने ज़ख़्म भूल गए, जो अब फिर नये ज़ख़्म देने की तैयारियाँ की जा रही हैं। इस गीत में पातर ने पंजाब की पूरी मानवीय परम्परा को रेखांकित किया है, जिसमें शेख फरीद, बुल्ले शाह, कबीर, गुरवाणी सब कुछ शामिल है। कवि हिंसक अलगाववादी आन्दोलन को व्यर्थ और भाई-भाई के बीच विभाजक आन्दोलन मानता है तथा युवकों से हक़ और इंसाफ़ के लिए शोषकों से लड़ने की माँग करता है। कवि क्रान्तिकारी संघर्ष का समर्थक है, किन्तु ऐसे क्रान्तिकारी संघर्ष का, जो समूची मानवता की मुक्ति पर आधारित हो। संग्रह के 55 गीत/ग़ज़लें/कविताएँ पंजाब के दुखों का आर्तनाद है, जिसे पातर ने 'बिरख अर्ज़ करे' का उचित शीर्षक दिया है। कवि को वह वृक्ष अर्थात छाया देनेवाले के रूप में देखता है।

'हवा विच लिखे हर्फ़' में संगृहीत पचास से अधिक ग़ज़लों में से अनेक

ग़ज़लें ऐसी हैं, जिनके बोल पिछले पन्द्रह वर्षों से अनेक पाठकों/श्रोताओं के मुँह पर चढ़े हुए हैं। इन ग़ज़लों की संवेदना पातर की पूरी शायरी से अलग नहीं है अर्थात इनमें वही गहरी मानवीय भावना, इतिहासबोध और उदासी है। गहरे मानवीय सम्बन्धों की लालसा व तलाश भी इन ग़ज़लों में देखी जा सकती है :

कभी आदमियों की तरह मिला करो हमसे
गुज़र जाते हो कभी पानी कभी हवा बनकर।

पातर का परिचित सौन्दर्यबोध और भी शिद्दत से ग़ज़लों में पेश हुआ है—पीले पत्तों पर पग रख हल्के-हल्के। सत्ता का दमनकारी रूप और व्यंग्य का अन्दाज़ भी ग़ज़लों में कविताओं/गीतों की भाँति मौजूद है :

जिसमें सूली का इंतज़ाम नहीं
यारो ऐसा कहीं निज़ाम नहीं

किन्तु कवि प्रतिरोध का स्वर भी बुलन्द रखता है :

कुछ कहा तो अँधेरा कैसे सहेगा
चुप रहा तो शमादान क्या कहेंगे

ग़ज़ल के बहिरंग के सम्बन्ध में कवि का मानना है :

हवाओं की आज़ाद आवाज़ को सुनो
तुम छोड़ो यह मकाईल फिइलुन फाइलन

कवि आज़ाद ख़यालों को शायरी की जान मानता है और उसके बाह्य रूप को गौण। लेकिन फिर भी पातर की रचना का बहिरंग—उसकी छंदोबद्धता और ग़ज़ल का तकनीकी पक्ष परिपुष्ट है।

पातर अपने सौन्दर्यबोध के चलते जीवन-यथार्थ से आँखें नहीं चुराते, बल्कि वह उन कवियों पर व्यंग्य करते हैं, जो जीवन-यथार्थ से दूर भागते हैं। इस अर्थ में वह गहरे तक जाकर सोद्देश्य रचना के पक्षधर कवि हैं :

ज़ख़्म को ज़ख़्म लिखो खामख़ाह कँवल न लिखो
सितम हटाओ सितम पर महज़ ग़ज़ल न लिखो

वे ऐसी कला पर कटाक्ष करते हैं जो :

यह क्या हुनर है भला क्या कला जो कहे
हुस्न को हुस्न लिखो क़त्ल को क़त्ल न लिखो

अपनी रचना को पातर जीवन के रक्त से रची मानकर कहते हैं :

हमने तो सदा ख़ून में अपने लिखी ग़ज़ल
वे और होंगे जो इसे लिखते हैं बहर में

अपने ग़ज़ल-संग्रह के शीर्षक को भी वे ग़ज़ल के शेर में स्पष्ट करते हैं :

जलते हाथों ने जो हवा में लिखे
हर्फ़ हमेशा लिखे रहेंगे वही।

इस अर्थ में पातर ने ग़ज़ल की पारम्परिक अवधारणा को बदलकर उसे क्रान्तिकारी रूप दे दिया है।

कुल मिलाकर सुरजीत पातर पंजाबी-कविता की उस परम्परा का गौरवपूर्ण अंग हैं, जो शेख फरीद से शुरू होकर, गुरवाणी व सूफ़ी-काव्य से होती हुई, आधुनिक काल में प्रो. पूर्णसिंह, मोहनसिंह, अमृता प्रीतम और बाबा बलवंत से गुज़रते हुए पाश व पातर तक पहुँचती है। यही मानववादी परम्परा पंजाबी-काव्य की सशक्ततम व युग की प्रतिनिधि धारा है और समकालीन दौर में जिसका प्रतिनिधित्व पाश व पातर की कविता करती है।

—चमन लाल

वृक्ष की प्रार्थना

वृक्ष चाहे बोल नहीं सकते
इनसानों का दुख जानते हैं
वृक्षों का गीत सुनकर
मेरी आत्मा में प्रकाश हो गया

पंजाबी लोकगीतों में वृक्षों का ज़िक्र बड़ी मुहब्बत व ख़ूबसूरती से हुआ है।

पंजाबी के प्रथम कवि बाबा शेख़ फ़रीद ने दरवेशों को वृक्षों जैसे सहनशील होने का सन्देश दिया है :

फ़रीद साहिब दी कर चाकरी दिल दी लाहि भरादि
दरवेशाँ नूँ लोडिऐ रूखाँ दी जीराँद

(फ़रीद, साहिब की सेवा दिल भरकर करो। दरवेशों को तो वृक्षों की सहनशीलता की ज़रूरत है)

यूनानी लेखक कज़ान ज़ाकिस की आत्मकथा में पढ़े संत आगस्तीन के एक कथन से प्रभावित मेरा एक शेर है :

मैंने कहा दरख़्त से कोई नज़्म सुनाओ
डाल-डाल से उग उठे अक्षर हरे

इस पुस्तक में हरे अक्षरों से लेकर जलते जंगलों तथा धरती से हिजरत कर रहे वृक्षों तक के बिम्ब हैं और इन वृक्षों पर बरसती बूँदों की दुआ भी है और कविता को सुनने-पढ़ने के लिए मोह-भरी ख़ामोशी की अपेक्षा भी :

खड़ाक हो 'गर गिरे पत्ता भी
ऐसी चुप हो तो वृक्ष करें प्रार्थना

बिम्ब व ध्वनि शायद कवि के अर्द्ध-चेतन मन से उठते हैं और कविता के सृजन के समय सचेत मन उस ध्वनि व बिम्ब को सँभालने का ही प्रयास करता है। अगले पृष्ठों पर बिछी मेरे मन की धूप-छाँह को स्वीकार करें। इस प्रार्थना के सिवाय मेरा और कोई दावा नहीं है।

—सुरजीत पातर

इक लरज़ता नीर था[1]

इक लरज़ता नीर था
वह मरके पत्थर हो गया

दूसरा इस हादसे से
डरके पत्थर हो गया

तीसरा इस हादसे को
था लगा करने बयान
घूरने से वह किसी पत्थर के, पत्थर हो गया

एक शायर बच रहा
संवेदना से लरज़ता
इतने पत्थर
वह तो गिनते-गिनते पत्थर हो गया

1. पाश की आतंकवादियों के हाथों हुई हत्या पर लिखी गई कविता। —अनुवादक

बाँसुरी वृत्तान्त

बाँसुरी बाँसों का जंगल जल रहा था
हर नयनों से काजल झर रहा था
एक बाँसुरी आई
सहने लगी जब
अग्नि का ताप
तो यूँ कहने लगी :

मेरे बाँसों के जंगल शान्त हो जाओ
मेरी ओर देखो मैं तुम्हारी ही बेटी हूँ
तुम जलते हो और मैं समझाने आई हूँ

उस जंगल ने देखा बाँसुरी की ओर
सुर्ख़ आँखों में जल रहे थे अंगार :

तुम हमें न सुनाओ आकर अपने ये उपदेश
हवा से कहो जाकर
जो एक ओर तो तुम्हारे जैसों को
हवा से टूटे हुओं को
ऐसे नग़मे सिखाती है
और दूसरी तरफ़ झंझा बनकर आती है
और हमारी आग में हमारे वंश को जलाती है

हवा के पास बाँसुरी आई : बात सुन री बात

बुरा लगे बुरा 'गर तुम्हारे बारे कुछ
मेरे होंठों पे आए
लेकिन आज तुम बहुत ही बेरहम लगती हो
कि तुम बाँसों का जंगल जलाती हो
तेज़ बहती हो

हवा फुंकार उठी :
तुम तो सात आँखें होने पर भी अंधी हो
अंधी बाँसुरी रोए हवा को
तुम नहीं जानती मैं ठंडी जगहों से जाती हूँ
गर्म जगहों की ओर
और मेरा इस पर कोई वश नहीं है
यह धरती कहीं ठंडी है और कहीं गर्म सखी
और ठंडी से गर्म की ओर जाना है मेरा धर्म सखी

तुम जाओ पूछो धरती से जाकर

और धरती बाँसुरी से कहने लगी :
मेरे बाँसों की बेटी
ओ मेरी वंशी
मैं तुम्हारा दुख समझती हूँ
लेकिन यह सूर्य है कर्ता
मैं सूर्य के आकर्षण में बँधी
घूमती हूँ
इसीलिए कहीं धूप है कहीं छाँह
कहीं ठंडी कहीं तपती है राह

मैं सूर्य के पास जाऊँ? बाँसुरी ने पूछा
तो हँसी धरती :
उस ज्वलंत से तुम क्या प्रश्न करोगी
झुलस जाओगी 'गर नज़दीक जाओगी

तो फिर रब्ब के पास जाऊँ?

भला किसके पास है रब का पता
कि वह तो ख़ुद एक सवाल है
पता नहीं आदमी उसका याकि वह आदमी का ख़याल है

वे कहते हैं कि रब्ब तो सभी कुछ है
सुलगता वन भी, बजती बाँसुरी भी
झुलसती धरती भी, बरसती वर्षा भी
कैसे तुम उसे समझोगी
रब्ब अपनी रब्बता की भाषा में बोलता है
सिर्फ़ आदमी ही उसके भेद कुछ-कुछ खोलता है

और आई बाँसुरी
आदमी के होंठों से जुड़कर
हवा में गूँजा
वंशी का राग मल्हार फिर

कलेजा बाँसुरी का चाहे बिंधा हुआ भी था
दहकते जंगलों का तेज़ तीखा ताप भी था
और कुछ बूँदाबाँदी की आस जैसा सहारा भी था
इलाही राज़ को समझाने जैसा आह्वान भी था

एक लफ़्ज़ विदा लिखना

एक लफ़्ज़ विदा लिखना
एक सुलगता सफ़ा लिखना

दुखदायी है नाम तेरा
ख़ुद से जुदा लिखना

सीने में सुलगता है
यह गीत ज़रा लिखना

वरक जल जाएँगे
क़िस्सा न मिरा लिखना

सागर की लहरों पे
मेरे थल का पता लिखना

एक ज़र्द सफ़े पर
कोई हर्फ़ हरा लिखना

मरमर के बुतों को
आख़िर तो हवा लिखना

कवि साहिब

मैं पहली पंक्ति लिखता हूँ
और डर जाता हूँ राजा के सिपाहियों से
पंक्ति काट देता हूँ

मैं दूसरी पंक्ति लिखता हूँ
और डर जाता हूँ बाग़ी गुरिल्लों से
पंक्ति काट देता हूँ

मैंने अपने प्राणों की ख़ातिर
अपनी हज़ारों पंक्तियों को
ऐसे ही क़त्ल किया है

उन पंक्तियों की आत्माएँ
अक्सर मेरे आसपास ही रहती हैं
और मुझे कहती हैं :
कवि साहिब
कवि हैं या कविता के क़ातिल हैं आप?

सुने मुंसिफ़ बहुत इंसाफ़ के क़ातिल
बड़े धर्म के रखवाले
ख़ुद धर्म की पवित्र आत्मा को
क़त्ल करते भी सुने थे

सिर्फ़ यही सुनना बाक़ी था
कि हमारे वक़्त में ख़ौफ़ के मारे
कवि भी बन गए
कविता के हत्यारे

['बिरख अर्ज़ करे' संकलन से]

यह है साज़...

यह है साज़, साज़नवाज़ तू
और फ़िज़ा को धुन का इंतज़ार है
तेरी उँगलियों और स्वरों में यह
कैसे फ़ासले, कैसी लकीर है

यह जो कह रही है ख़्वाब सुन
सुख़न जो सुनाए किताब सुन
तू यह सब सुन और फिर मेरे कुफ्र को
सज़ा जो सुनाओ सो ठीक है

मैं हूँ ख़ुद मुजरिम और ख़ुद ही
हूँ किताब, क़ाज़ी, जल्लाद भी
जहाँ चारों तरफ़ हैं आईने
मेरी रोज़ वहाँ तारीख़ है

कहीं नूर को कहीं नार को
कहीं बादशाह की कटार को
दूर मत जाना मेरे पूरन
तेरा हर किसी को इंतज़ार है

किसी माँ के नयनों में ख़्वाब है
उसकी गोदी में खिला गुलाब है

यह है बन्दगी, यह है शायरी
यह तो उससे भी बढ़कर है
यह जो खिल रहा यह गुलाब है
यह जो बह रहा यह चिनाब है
यह तो कुछ नहीं यूँ ही ख़्वाब है
मेरी नींद टूट जाने तक है

एक पशु-कथा

गाड़ी चली
गाड़ी में सीटें रोके
बैठे हुए
कुछ थे मेमने
कुछ भेड़िए

गाड़ी लाँघती गई स्टेशन
नदियाँ, जंगल, खेत, पहाड़
नगर बसे शहर उजाड़

सात-आठ घंटे चलने के बाद
क्या देखा डिब्बों के बीच
सभी भेड़िए बन गए मेमने
सब मेमने बन गए भेड़िए

आप यक़ीन करें या न करें
यह सब अपने देश में हुआ
और आदमियों के भेस में हुआ

फ़ैसले होंगे

फ़ैसले होंगे मगर कब होंगे
फ़र्द गल जाएगी
मुंसिफ़ों की गर्दनों में रस्सी होगी
और अदालतों के मीनार जलते हुए
सूने आसमानों में जा फ़रियाद करेंगे

फ़ैसले होंगे, मगर कब होंगे
तुतलाते आँसू जब हवाओं में
दहशत और नफ़रत का ज़हर बनकर मिलेंगे
जब निर्दोष रक्त धरती पर मिलकर
आग का तूफ़ान बन उठा आएगा
माँओं, बहनों के हृदय की सूनी
अँधेरी, काली गलियों से
आख़िरी बार क्रंदनों की आवाज़ आएगी

फ़ैसले होंगे, मगर कब होंगे
जब फ़िज़ाओं में धुआँ ही इबारत लिखेगा
सब पवित्र किताबों से उठता धुआँ
सब किताबों में एक जैसा ही धुआँ

बढ़ रहे
फैलते आ रहे
इस धुएँ के ख़िलाफ़

मैं, हम, वह, आप

हमारी तरह ही सब
सोचते-सोचते
देर कर देंगे
कुछ कहते हुए—काँपते-काँपते
हमारे होंठों और बोल के बीचोबीच
जान आ जाएगी
अपने बच्चों का बचपन आ जाएगा
पत्नी का एहसास आ जाएगा

इतनी देर में धुआँ
हमारे बच्चों की साँसों में मिल जाएगा
सोच ख़त्म हो जाएगी
ख़ौफ़ मिट जाएगा

फ़ैसले होंगे
मगर यूँ होंगे

आग अदालत और मुंसिफ़ भी आग होगी
अपने हाथों में फ़र्दें भी आग ही लेगी
और वकीलों की तरह भी आग ही लड़ेगी
और यह कविता, किताबें भी आग ही पढ़ेगी

प्यारा

जिन्हें मैं कभी कविता पढ़ाता था
किताबों में छपे काले-से अक्षरों से
रंग निकालने सिखाता था
और जो प्यार की कविता कभी सुनते
और कभी एक-दूसरे को देखकर
चोरी-चोरी मुस्कराते थे
और कोई नज़्म जब तेवर बदलती थी
तो उनके निखरे निर्मल व कच्चे चेहरों पर
बदलते रंग मुझे बताते थे :
सर, हम कविता समझते हैं

उन कोंपलों-से लड़कों में
एक का नाम प्यारा था
वह सबकी आँख का तारा था
मैंने उस तारे को फिर आसमान होते देखा था
मैंने प्यारा जवान होते देखा था

वह गाता था
तो काली हवा में दीपक जलाता था
मैंने उसकी आवाज़ को ऊँचा उठते सुना
और फिर मैंने सुना
एक दिन कुछ देर बाद

प्यारे को किसी ने क़त्ल कर दिया
और मैंने यह सोचा ही नहीं
कि यह वही प्यारा है

यह कोई और होगा
कोई ख़ूँख़ार बदलाख़ोर होगा
कोई डाकू या कोई चोर होगा
कि कोंपलों को कोई क्यों जलाता
और उस प्यारे को कोई क्यों मारता

और मैंने यह सोचा ही नहीं
कि यह वही प्यारा है
जो गाता था
तो काली हवा में दीये जलाता था

वह गाता था
वह काली हवा में दीये जलाता था
किसी बात से ख़फ़ा होकर
अँधेरे के ख़ुदाओं ने
प्यारा मार डाला था

और अब जब भी कभी
कोंपलों-से लड़कों को मैं
कविता पढ़ाता हूँ
किताबों में छपे काले-से अक्षरों से
रंग निकालना सिखाता हूँ
तो मुझे लगता है
इनमें प्यारा भी बैठा है

आज फिर आत्माराम बहुत उदास है

आज फिर आत्माराम बहुत उदास है
वैसे तो वह ख़ुद को ए. आर. कपूर ही कहता है
ढका-सा दूर-दूर ही रहता है
अंग्रेज़ी बोलता
ऊँचा-सा बैठता है
लेकिन ऐसे उदास पलों में वह आत्माराम बनकर
मन के अँधेरे में पीछे लौट जाता है
चढ़ी सीढ़ियाँ उतरता है, पंजाबी में बुदबुदाता
नीचे ही नीचे फिसलता है
और ख़ुद को गाँव के एक कच्चे-से घर में 'पाता' है

जहाँ दीये की लौ में
उसकी मृत माँ उलटा चरखा कातती है
निपट चुकी को छेड़ती है
बुने हुए को उधेड़ती है
बूढ़ी आँखों से उसे पहचानकर कहती है :

आ गए आत्माराम
कहती है और बहुत कुछ कहती रहती है
पता नहीं क्या-क्या दुखड़े रोती है
कभी कौशल्या कभी इच्छराँ बन जाती है

उसकी बातों का गीला ईंधन सुलगता है

जिसमें ए. आर. कपूर का दम-सा घुटता है
लेकिन आत्माराम को एक सुकून-सा मिलता है
कि आज उसे माँ मिल गई
जो उसे देखने को तरसती हुई चली गई
जब वह शहर रहता था और गाँव आने से जैसे डरता था
ख़ुद को ए. आर. कपूर कहता था
अंग्रेज़ी बोलता
ढका-सा दूर-दूर रहता था

यह भी क्या करता
मोहिनी मुखमणि यही कुछ चाहती थी
माँ की करुणा उसे क़ब्र की तरह डराती थी...

माँ की ममता
घर की चौखट
मढ़ियाँ व मंदिर
सब कुछ अतीत के जल में बह गया
और वह बेफ़िक्र एक ऊँची-सी जगह पर बैठ गया

लेकिन कभी-कभी उसके सीने में तीव्र शूल उठती है
और वह शहर की ऊँची इमारत से इस तरह लुढ़कता है
कि सौ कोस दूर अपने गाँव के बिक चुके घर के आँगन में
काटे जा चुके वृक्ष की छाया में गिरता है
जहाँ उसकी मृत माँ उलटा चरखा कातती है
निपट चुकी को छेड़ती है
बुने हुए दुख उधेड़ती है...

आत्माराम बार-बार यहीं क्यों आता है
शायद इसलिए
कि यहीं से वह एक ऐसा मोड़ मुड़ा था
कि फिर ख़ुद से नहीं मिला था

एक नदी

1

रात के अँधेरे में
बूढ़ी नदी सतलुज
लाशें ढो रही है
इस उम्र में शासक की
कैसी नौकरी कर रही है
या सिर्फ़ बेगार है
पुलिस से डरती है

जिन्होंने बचाना था
बेगार से छुड़ाना था
उन्हीं की लाशें
नदी ख़ुद ढो रही है
मामला नहीं बताती
नदी बस रोती है

2

नदी बस रोती है
कहते नदी रोती है
शायर तो हमेशा ही
देश के गद्दारों जैसी

नहूश बात करते हैं
पानी से मिट्टी का

ढेला घुलता होगा,
नदी कोई हमारी तरह इनसान है, जो रोएगी
मिट्टी की तरह तब अगर
हवा भी बाँट लेते
रेडियो इस तरह न कहते
देश की इज़्ज़त रखने को चुप्पी का प्रण लेते
दुश्मन देश की कहीं ख़बर न नश्र करते
हवा भी हमेशा ही
शायर की तरह करती है
कुफ़्र का दम भरती है

सतलुज नदी पर बड़ी आस रखी थी
लेकिन परायी धरती पर जाकर
यह बूढ़ी भी
हो गई परायी ही
लाशें छिपा न सकी
लाशें निकालते दुश्मन को
वहीं डुबो न सकी
हवा, शायर और नदी
सबने भुला दिया है
कौन देश अपना है—
कौन पराया है—
हवा, शायर और नदी
यह भी नहीं समझ सकते
गोली क्यों चलती है?
देश की अमानत को
जो भी हाथ लगाएगा
गोलियाँ ही खाएगा
दाह-संस्कार की जगह

किया यदि जल-प्रवाह
लाशों को क्या फ़र्क़ पड़ा
वैसे क्या ये गद्दार
स्वर्ग चले जाते

3

हाँ, तुम ही सच्चे हो
देश की अमानत को
जो भी हाथ लगाएगा
गोलियाँ ही खाएगा
हाँ, तुम ही सच्चे हो
देश की अमानत तो होती हैं दीवारें
पुत्र तो दीवारों में
चिने जाने की ख़ातिर ही जन्म लेते व पलते हैं
हाँ और यह भी सच कहा
अमन शान्ति कायम
रखनी है हर सूरत
अमन शान्ति शायद
उस चुप को कहते हैं
गोली-बिंधे सीने से जो
रक्त की तरह टपकती है

अमन शान्ति शायद
आत्मा का सो जाना है
जज़्बात का मरना है
आदमी की जगह
बुतों को तराशना है
कीलोंवाले जूतों का
लाशों पर चलना है
ताकि खड़ाक न हो

अमन शान्ति शायद
उसी को कहते हैं
जिसे कायम रखने के लिए
रात के अँधेरे में
बूढ़ी नदी सतलुज
लाशें ढोती है
इस उम्र में शासक की
कैसी नौकरी करती है
या सिर्फ़ बेगार है
पुलिस से डरती है

पछुवा और पुरवइया

मेरे मुर्शिद, मेरे मकतब, मेरे महरम, मेरे यारो
मैं शगुनों-भरी इस प्रभात में
अपना मातमी संध्या-जैसा चेहरा लेकर
आ गया हूँ
क्षमा करें

मेरे बदशगुन बोलों पर
मेरा वश नहीं चलता
वरना त्योहार पर मैले-से वस्त्र पहन
कौन आता है

आप भद्रजन हैं निश्चिन्त बैठ जाएँ
आपकी नज़र झुक जाए
नहीं, इतनी नौबत न आएगी
क्योंकि मुझे किसी पे कोई
इल्ज़ाम नहीं लगाना
सिर्फ़ इक़बाल करना है

नए पंजाब के शगुनों-भरे आस-भरे दिन
मेरे मनहूस दिल में
शोक की इक लहर उठती है
गुरु जाने

ख़ुदा जाने
ख़ैर हो
मेरी रूह में शायद किसी गद्दार की रूह ही
आ समाई है
जो मेरे बदशगुन बोलों में
हौले से फुंकारती है :
अढ़ाई नदियों का यह पंजाब
होगा किसी नेता के लिए पंजाब
मैं नेता नहीं हूँ
मेरे पंजाब ने तो बहुत देर हुई
ख़ुदकुशी कर ली थी

और उसके पंजों से
कोई आयत, शब्द कोई
लिखा मिला था इस तरह :
मेरा क़ातिल नहीं कोई
मेरी हत्या किसी के हाथों नहीं हुई
मैंने आत्मघात किया है
और मेरी मौत का मातम करने का हक़
सिर्फ़ हवाओं को है

पुरवइया चलती, चले पछुवा
पुरवाई पछुवा के गले लग जब विलाप करती है
और सीमा पर खड़ा सैनिक
या सरहद पर खड़ा फ़ौजी
हवा में फ़ायर करता है
तो वृक्षों से स्तंभित पक्षी
आकाश में शरण ढूँढ़ते हैं
हवा वृक्ष के आँसू पोंछती सिसकती है :

मेरा क़ातिल कोई नहीं
मेरी हत्या किसी के हाथों नहीं हुई

मैंने आत्मघात किया है
जब कभी लाहौर रेडियो से कोई गीत सुनता हूँ
तो मुझे लगता है
पुरवइया पछुवा के गले लग रो रही है
अचानक अपने हाथों पर रक्तिम दाग़ दिखते हैं

कभी जब देश के रखवालों को आवाज़ आती
या वतन के ग़ाज़ियों को कूक सुनाई देती
तो मैं नहीं जान पाता
मैं ग़ाज़ी हूँ या रखवाला

भला मैं भी ये क्या क़िस्से ले बैठा
मुबारक दिन है आओ
नए पंजाब की दीर्घायु के लिए प्रार्थना करें
इसकी सरहद पर झंडे झुला दें
किसी जासूस की तरह सुन सकें जो
क्या फुसफुसाती हैं
पुरवइया और पछुवा जब
गले लग रोती हैं

मेरे शब्दो

मेरे शब्दो
चलो छुट्टी करो, घर जाओ
शब्दकोशों में लौट जाओ

नारों में
भाषणों में
या बयानों में मिलकर
जाओ कर लो लीडरों की नौकरी

'गर अभी भी बची है कोई नमी
तो माँओं, बहनों व बेटियों के
क्रंदनों में मिलकर
उनके नयनों में डूबकर
जाओ ख़ुदकुशी कर लो
'गर बहुत ही तंग हो
तो और पीछे लौट जाओ
फिर से चीख़ें, चिंघाड़ें, ललकारें बनो

वह जो मैंने एक दिन आपसे कहा था
हम लोग हर अँधेरी गली में
दीपकों की पंक्ति की तरह जगेंगे
हम लोग राहियों के सिरों पर

उड़ती शाख़ों की तरह रहेंगे
लोरियों में जुड़ेंगे

गीत बनकर मेलों की ओर चलेंगे
दीयों की फ़ौज बनकर
रात के वक़्त लौटेंगे
तब मुझे क्या पता था
आँसू की धार से
तेज़ तलवार होगी

तब मुझे क्या पता था
कहनेवाले
सुननेवाले
इस तरह पथराएँगे
शब्द निरर्थक-से हो जाएँगे

आदिका

यह मेरे रक्त की लिपि के उदास अक्षर
मेरे अँधेरे के शब्द
उदास उपनिषद्
तपती तवारीख़
मेरा आहत नाद
एक सुलगती किताब
यह पगडंडी है
मेरे गाँव से मेरी पुस्तक की धुँधली पंक्तियों तक

यह पगडंडी है
मेरी जन्मदात्री की उदास मोह-भरी नज़रों से
मेरे पिता के परदेस तक

यह पगडंडी है
अंधी इच्छराँ[1] के काँपते हाथों से
पूरन[2] के चेहरे तक

शुभ प्रभात की दहलीज़ से
शाम की दरगाह तक

---

1. पंजाबी लोककथा के नायक पूरन भक्त की माँ, 2. पंजाबी लोककथा का नायक।

शाम जो मेरे उदास वृक्षों की ख़ामोश अरदास है
शाम जो एक नदी है
आदि से नाद की
आज इस शाम के 'पत्तन'[1] पर
मैं अपनी छाती के भीतर की आग के जलते चिराग़ों को
जल-प्रवाह करता हूँ
जल-प्रवाह करता हूँ यादों की अस्थियों
अपने रक्त के नादी पुष्प

यह जल जो पुरखों के पर्वत से
वारिसों के देश की ओर बहता है

जल की यात्रा अनंत है
चिराग़ों की कुछ ही पल

मैं इस शाम के धुँधलके में
नज़र की हद तक
अपने चिराग़ों को जलते हुए तैरते
देखने का लोभी हूँ

इस मोह-माया के लिए, मेरी प्रभात के प्रभु
मुझे क्षमा कर देना

यह कविता कुछ भी नहीं
तप्त अहं का स्वरबद्ध संताप है
एक वियोगी मन का विलाप है

ये कुछ बूँदें हैं
जो मैंने ताप झेलती आत्मा से निचोड़ी हैं

---

1. नदी का संकीर्ण पाट जहाँ किश्तियाँ चलती हैं।

यह एक गवाही है
कि
उदास अँधेरा इस तरह लिखता है...

नदियों के नाम

मातम
हिंसा
ख़ौफ़
बेबसी
और अन्याय

यह हैं आजकल मेरी नदियों के नाम

बूढ़ी जादूगरनी कहती है

तुम्हारा भी नाम रखेंगे
तुम्हारी छाती पर ख़ंजर या तमगा रख देंगे
जीने के क़ाबिल तो हो
तुम्हारी भी हत्या कर देंगे

मैं बूढ़ी जादूगरनी बहुत मंत्र जानती हूँ

मैंने जिस छाती पर तमगा सजाया है
वही छाती घड़ी बनकर रह गई है
मैंने जिस आदमी को हार पहनाया है
वही बुत बन गया है

मैंने जिसे अपना पुत्र कहा है
वही अपनी माँ का नाम भूल गया है

मैंने जिस हाथ को अपने हाथों में दबाया है
वही हाथ वृक्ष की शाख़ा हो गया है
और किसी भी तरफ़ बहती हवा में डोला है

मेरा पेट हँसता है : दर्पण झूठ कहता है
जादूगरनियाँ तो कभी भी बूढ़ी नहीं होतीं

छातियों की क़िस्म होती है
कोई छाती सिर्फ़ तमगों से ठंडी होती है
कोई छाती गुनगुने दूध के नग़मों से ठंडी होती है

और जो बाक़ी बचती है
उसके लिए मेरे हाथों में बस ख़ंजर ही बचता है

तुम यूँ ही गुमान न करो
तुम यूँ ही बेचैन मत हो
तुम्हारी छाती की क़िस्म भी ढूँढ़ लेंगे
और तुम्हारे बराबर की नियति तुम्हें भी वर देंगे

जीने के क़ाबिल तो हो
तुम्हारी भी हत्या कर देंगे

अब घरों को लौटना

अब घरों को लौटना मुश्किल बहुत है
कौन पहचानेगा हमें

माथे पर मौत दस्तख़त कर गई है
चेहरे पर दोस्त पदचिन्ह छोड़ गए हैं

दर्पण से झाँकता है कोई और

आँखों में चमक है ख़ाली
किसी मलबे की छत से
आती हुई लौ जैसी

डर जाएगी मेरी माँ
पुत्र मेरा आयु में मुझसे बड़ा
किस साधु का श्राप
किस चँदरी शरीक के जादू-टोने से लगा
डर जाएगी मेरी माँ
अब घरों को लौटना है नहीं अच्छा

इतने डूब चुके हैं सूरज
इतने पर मर चुके ख़ुदा
जीवित माँ को देखकर

ख़ुद के या उसके
प्रेत होने की होगी आशंका

जब मिलेगा कोई यार पुराना
बहुत याद आएगी
अपने भीतर की कब की
मर चुकी मोह-ममता

रुलाई आएगी और फिर याद आएगा
आँसू तो मेरे दूसरे कोट की
पाकेट में ही रह गए हैं

जब चाची ईसरी
असीसों के साथ सिर पलोसेगी मेरा
किस तरह बताऊँगा मैं
इस सिर में किस तरह के छुपे हुए हैं ख़याल :

अपनी ही लाश ढोता हुआ आदमी
पति की अभी जलाई चिता पर मांस पकाती औरत
सर्दियों में आदमियों की चिताएँ रोकनेवाला 'रब्ब'

जिन आँखों से देखे हैं दुखान्त
किस तरह मिला पाऊँगा आँखें
अपने बचपन की तसवीर के साथ
अपने छोटे वीर के साथ

शाम को जब मसान में दीया जलेगा
गुरुद्वारे में शंख बजेगा
वह बहुत आएगा याद
वह जो कि मर चुका है
वह कि जिसकी मौत का

इस भरी नगरी में सिर्फ़ मुझे ही पता है

यदि किसी ने अब मेरे मन की तलाशी ले ली
बहुत रह जाऊँगा अकेला
किसी दुश्मन देश के जासूस की तरह
अब घरों में बसना आसान नहीं है
माथे पर मौत दस्तख़त कर गई है
चेहरे पर दोस्त पदचिन्ह छोड़ गए हैं
दर्पण से झाँकता है कोई और

ख़तों का इंतज़ार

इस नगरी तेरा जी ना लगता
इक चढ़ती एक उतरती है
तुझे प्रतीक्षा रोज़ ख़तों की
शिखर दुपहरी रहती है

इक ख़त आए लिखा धूप का
मेहँदी रचे हुए पन्ने पर
तेरे आँगन पौधा बनके
उग आऊँ 'गर माने तो

इक ख़त आए माँ-जायी का
बाँझ वियोगन ऋतु में भी
बँध गए शिरीष के पत्ते भैया
मेरे दरवाज़े के ऊपर

इक ख़त आए जिसमें हो
तेरे नाम इतिहास का बोल
तेरी रचना की प्रशंसा
तेरे महाविकास का बोल

ये ख़त आएँगे तो आख़िर
लिख-लिख लोग पाएँगे

तेरे इच्छित ख़त मगर
और किसी घर जाएँगे

लेकिन उम्मीद न छोड़ना तू
तुझे भी ख़त आएगा
तेरा कोई सम्बन्धी आख़िर
तुझे भी ख़त पढ़ाएगा

ख़त आएगा रात-बेरात
आएगा ख़त अम्मी का
बेटे ऐसे उसे न भूला करते
जिस कोख से जन्म लिया करते

खड़े-खड़े ही हाल तो पूछ जा
बूढ़ी जान निकम्मी का
उम्र की तरह अन्त तो होता
किसी उदासी लम्बी का

बहुत असमय आएगा ख़त
धरती से लम्बी छाया का ख़त
चुप्पी के पृष्ठों पर लिखा
उजड़े वीरानों का ख़त

एक अनचीन्हे शून्य का लिखा
तेरे असली नाम का ख़त
लोग कहेंगे क़ब्र का ख़त है
तू कहेगा माँ का ख़त
ख़त खुलेगा ख़त से एक
हाथ उठेगा शाम-सा
तेरी छाया को फोलेगा

बेलिहाज बेआराम-सा
तेरे भीतर कसक उठेगी
मच जाएगा कोहराम-सा

तेरे भीतर से पंछी उड़-उड़
भर जाएगा आसमान-सा
जो कभी न उठा था
दर्द उठेगा अनाम-सा
मगर फिर तेरी संतप्त रूह को
आ जाएगा आराम-सा

उसके बाद न कोई नगरी
न कोई साँझ-सवेरा ही
न फिर ख़तों की प्रतीक्षा
न कोई तू, न तेरा जी

इस नगरी तेरा जी ना लगता
इक चढ़ती एक उतरती है
तुझे प्रतीक्षा रोज़ ख़तों की
शिखर दुपहरी रहती है

वाद्य-यंत्र

अब जब वह साज़ों की दुकान से गुज़रता है
गर्दन झुका लेता है

ये सभी साज़ उसके घर में हैं

कभी ऐसा भी समय था
यह मैंडोलिन की क़ीमत पूछकर गुज़रता था
और तारों को खनकाकर सोचता था :

साज़ उसका नहीं होता जो उसे ख़रीदता है
जो उससे ख़ूबसूरत धुनें निकाले
उसका होता है

और फिर एक शाम उसके घर मैंडोलिन आई

कई शामें, कई रातें, कई दिन बीत गए
पराजित-से, खीझे हुए, उलझे-से
जो उसके दिल में धुनें थीं
वे हाथों में न आईं

और उसने सोचा :
हर साज़ हर साज़िंदे से क़ाबिल नहीं होता

मेरा साज़ कोई और है

दूसरा साज़, तीसरा साज़, सातवाँ साज़...

उसने कई साज़ बदले
जो उसके दिल में धुनें थीं
वे हाथों में न आईं

अब वे साज़
उसके सपनों में आकर
उसे डराते हैं

वे सभी साज़ इकट्ठे
बेसुरी मातम-सी आवाज़ निकालते हैं :
हमें आज़ाद कर दो...हम तुम्हारे नहीं हैं

उसकी आँख खुलती है
साज़ चुपचाप सोए पड़े होते
चमकते साज़, कसे हुए तार, उसके अपने
फिर भी वह किसी की तार तक को
हाथ नहीं लगाता
वह डरता है यदि उसने छेड़ा तो
टिकी हुई रात में
साज़ चीत्कार कर उठेगा :
चोर, कोई चोर...पराया आदमी

उसके हाथ गुनहगारों की तरह काँपते हैं
कमीने हाथ...निकम्मे हाथ उठाकर
वह साज़ों को मन ही मन कहता है :
जो मेरे दिल में धुनें हैं

ज़ालिमो तुम बचा जानो

तुम स्थूल हो, सूक्ष्म को क्या समझो

वह बोलता जाता, साथ ही आस लगाता
कि उसके इन कथनों से
कोई साज़ पिघलेगा
और अनहद नाद बजेगा

आख़िर पराजित हो वह लेट जाता है
अपने काँपते हाथों को छाती से लगाकर
छाती के नीचे धुनें सोई हैं
छाती पर हाथ

वह अक्सर सोचता है :
फ़र्क़ तो थोड़ा ही है

ख़ुदा

अजीब डरावनी रात दरवाज़े के पास खड़ी थी
मेरे घर के चिराग़ के मुँह पर झुकी हुई थी
अनंत रात की छाया
जैसे आख़िरी घड़ी...

घरेलू नुस्खों से लेकर सिरिंज की नोक तक
सिरिंज की नोक से लेकर आख़िर मक्के तक
आख़िर मक्के से भी दूर कहीं उजाड़ों में
नज़र मेरी उदास
ठाँव-कुठाँव भटकती थी

क्षितिज तक अँधेरे शून्य का पहरा था
और उस शून्य के अँधेरे के एक छोर पर
श्मशान का ख़ौफ़ था
दूसरे छोर पर धीमा-सा
टिमटिमाता था मेरे घर में मेरे रक्त का चिराग़
वह मेरे जिगर का टुकड़ा
मेरी नज़र का नूर

श्मशान के पार तो बस 'कुछ नहीं' की हँसी थी
लेकिन उस चिराग़ में एक कायनात रोशन थी
और उसके बुझने की तो कल्पना भी भयानक थी

मैं उस चिराग़ को सीने में छिपाता हूँ

हवा से बचाने के लिए पलकें बन्द करता हूँ
जो है मैं उस एक की सुरक्षा के लिए
जो कहीं है ही नहीं, उसकी ओट करता हूँ

मैं समझता था कि ईश्वर आदमी की रचना है
यह उसके मन का दिलासा है, उसका सपना है
मुझे पता है कि मैंने अक्सर कहा क्या है
मैं जानता हूँ कि उसकी व्याख्या क्या है

लेकिन उस कहने और जानने के बावजूद मैंने आज
उदास शाम चिराग़ों की पंक्ति जला ली
और जा रहा हूँ अपनी हथेलियों पर चिराग़ों का थाल लिये
अपने बच्चे के लिए

बुझ रहा है मेरे मन से पढ़ा हुआ फ़लसफ़ा
अटकता डरता कि कोई परिचित देख न ले
मैं एक समाधि के पाँवों में हूँ आकर खड़ा

तो अचानक एक क्रंदन की आवाज़ आई
तड़पकर हाथों से चिराग़ों का सिलसिला गिर गया
और पहली बार मरा पूरी तरह मेरा ख़ुदा

फिर किसी ने कहा :
मैं जिला सकता हूँ
तुम्हारे चिराग़ों को मिट्टी से उठा सकता हूँ
किसी कुटुंब से चावलों की एक मुट्ठी ला
लेकिन उस कुटुंब से ला, जहाँ ख़ुशी हो
और जिसके आँगन कभी मौत न आई हो
मैं चावलों की उस मुट्ठी के लिए भटकता हूँ

बहुत देर से भटकता फिरता था गलियों में
कि अचानक मैंने देखा मेरा दर है
और दरवाज़े की चौखट पर मेरी स्त्री खड़ी है
अपनी बाँहों में हँसता हुआ बच्चा पकड़े

यह देखते ही
मेरा बुझा हुआ मन जग उठा
बुझे चिराग़ उठे
उठकर फिर जलने लगे

मिट्टी से तड़पता हुआ फिर मेरा ख़ुदा उठा
मैं उसके बदन से मिट्टी भी हटा न सका
मैं भयभीत था किसी परिचित हँसी से

ख़ुदा अब लोप होकर
छिप जा उसी डेरे में
या आँखों के ज़रिये मेरे उतर जा अचेत में
और फिर मिलेंगे कभी
ख़ौफ़ के अँधेरे में!

घर्र-घर्र

मैं छतरी जितना आकाश हूँ गूँजता हुआ
हवा की साँय-साँय का पंजाबी में अनुवाद करता
अजीबोग़रीब दरख़्त हूँ
हज़ारों रंग-बिरंगे वाक्यों से बिंधा
छोटा-सा भीष्म पितामह हूँ
मैं आपके प्रश्नों का क्या उत्तर दूँ?

महात्मा बुद्ध व गुरु गोविंद सिंह
अहिंसा परमोधर्म और वेदाग़ चमकती शमशीर की
मुलाक़ात के स्थल के लिए मैं बहुत ग़लत शहर हूँ

मेरे लिए तो बीवी का आलिंगन भी कठघरा है
क्लास-रूम का लेक्चर-स्टैंड भी
और चौराहे की रेलिंग भी
मैं आपके प्रश्नों का क्या उत्तर दूँ?

मुझमें से नेहरू भी बोलता है, माओ भी
कृष्ण भी बोलता है, कामू भी
वायस ऑफ़ अमेरिका भी, बी.बी.सी. भी
मुझमें से बहुत कुछ बोलता है
नहीं बोलता तो सिर्फ़ मैं ही नहीं बोलता

मैं आठ बैंड का शक्तिशाली बुद्धिजीवी

मेरी नाड़ियों की घर्र-घर्र शायद मेरी है
मेरी हड्डियों का ताप-संताप शायद मौलिक है
मेरा इतिहास वर्षों में बहुत लम्बा है
कामों में बहुत छोटा :

जब माँ को ख़ून की ज़रूरत थी
मैं किताब बन गया
जब पिता को लाठी चाहिए थी
मैं बिजली की कौंध की तरह चमका और बोला :

कपिलवस्तु के शुद्धोदन का ध्यान करो
माछीवाड़े की ओर नज़र दौड़ाओ
गीता पढ़ी है तो विचार भी करो :
कुरु कर्माणी संगम तिक्तवा...
ऐसा ही बहुत कुछ जो मेरी समझ से भी बाहर था

रास्ते में भूमिगत साथी मिले
उन्होंने पूछा :
हमारे साथ सलीब तक चलोगे
क़ातिलों के क़त्ल को अहिंसा समझोगे?
गुमनाम वृक्ष से उलटा लटककर
मसीही अन्दाज़ में
सरकंडे को भाषण दोगे?

उत्तर के रूप में मेरे भीतर
अनेक चित्र उलझ गए
मैं कई फ़लसफ़ों का कोलाज-सा बन गया
और आजकल कहता घूमता हूँ :

सही दुश्मन की तलाश करो
हरेक आलमगीर औरंगज़ेब नहीं होता

जंगल सूख रहे हैं
बाँसुरी पे मल्हार बजाओ
प्रेत बन्दूक़ों से नहीं मरते

मेरी हर कविता प्रेतों को मारने का मंत्र है
मसलन वह भी
जिसमें मुहब्बत कहती है :
मैं घटना घिरी गाड़ी का अगला स्टेशन हूँ
मैं रेगिस्तान पर बना पुल हूँ
मैं मर चुके बच्चे की तुतली तली पर
लम्बी उम्र की रेखा हूँ
मैं मृत औरत की रिकॉर्ड की हुई हँसती
आवाज़ हूँ :

अब हम कल मिलेंगे

पुल

मैं जिन लोगों के लिए पुल बन गया था
वे जब मेरे से गुज़रकर जा रहे थे
मैंने सुना मेरे बारे में कह रहे थे :

वह कहाँ छूट गया है चुप-सा आदमी
शायद पीछे लौट गया है

हमें पहले ही ख़बर थी उसमें दम नहीं है

मेरी धूप

मेरी धूप बीमार पड़ी है
मेरे सूरज को घड़ियों ने कुतर लिया है

दफ़्तर के दरवाज़े से बाहर
मेरी कविता मेरी प्रतीक्षा में बूढ़ी हो गई
उस बेचारी के तो लम्बे सुन्दर केश
बिना स्पर्श के सफ़ेद हो गए

मैं कुर्सी में चिना हुआ हूँ
कुर्सी में चिने पुत्रों को साहिबज़ादे[1] कौन कहेगा?

सर्कसवाला बुड्ढा शेर अभी आएगा
मेज़ पर बिखरे सपने देखकर
सूर्यों, वृक्षों, नदियों की परछाइयाँ देखकर
तप उठेगा
अपनी कहर की नज़र से
मेरे सपने भस्म करेगा

मैं आकाश, सड़कें, मैं जंगल
सिमटकर एक दराज़ के भीतर बैठ जाऊँगा

---

1. गुरु गोविंद सिंह के दो पुत्र अपनी आस्था पर दृढ़ रहने से दीवारों में जीवित चिन दिए गए थे, उन्हें श्रद्धा से साहिबज़ादे कहा जाता है।

विष घोलूँगा, साँप बनूँगा
मैं तो मोर था, साँप बना हूँ
अब तो मुझे मोरनियों से डर लगता है

रंग-बिरंगे नोटों की तितलियाँ पकड़ते
लकड़ी, लोहे व अँधेरे के जंगल में
सारे यार गुम तो गए हैं
अपने शहर को बेजाना होते देख-देखकर
कविता बाहर बीमार पड़ी है

मैं हूँ और एक कोरा दर्पण है
जो मेरा इतिहास नहीं जानता

मैं जिस रेत से एक दिन
दोस्तों संग-काफ़िलों सहित,
सपनों संग भी गुज़रा था
उसे कुछ भी याद नहीं

जिस रेत पर मेरे पदचिन्ह थे
वह रेत अब मेरे सिर पर छाई है
कण-कण होकर मेरे चेहरे पर गिर रही है

मैं रेत में पोर-पोर गुम हो रहा हूँ।
आख़िर एक दिन रेत में चिना जाऊँगा
रेत में चिने पुत्रों को
साहिबज़ादे कौन कहेगा?

दो वृक्षों की बातचीत

मेरी सूली बनाएँगे
या रबाब
जनाब
याकि मैं यूँ ही खड़ा रहूँ ताउम्र
करता रहूँ पत्तों पर
मौसमों का हिसाब-किताब
जनाब
कोई जवाब

मुझे क्या पता—मुझे कहाँ भेद
मैं तो ख़ुद एक वृक्ष हूँ तुम्हारी तरह
तुम ऐसा करो
आज का अख़बार देखो

अख़बार में कुछ नहीं
झड़े हुए पत्ते हैं
फिर कोई किताब देखो

किताबों में बीज हैं

तो फिर सोचो

सोच में ज़ख़्म हैं
दाँतों के निशान हैं
राहगीरों के पदचिन्ह हैं
या मेरे नाख़ून
जो मैंने बचने के लिए
धरती के सीने में घोंप दिए हैं

सोचो, सोचो और सोचो
सोच में क़ैद है
सोच में ख़ौफ़ है
लगता है धरती से बँधा हुआ हूँ

जाओ फिर टूट जाओ

टूटकर क्या होगा
वृक्ष नहीं तो राख सही
राख नहीं तो रेत सही
रेत नहीं तो भाप सही

अच्छा फिर चुप हो जाओ

मैं कब बोलता हूँ
यह तो मेरे पत्ते हैं
हवा में डोलते हुए

दीवार की जीभ

मैं दूर देश से जलावतन साया बोल रहा हूँ

मेरे मन में एक भ्रम-सा भरोसा है
कि दूर कहीं तुम भी सुन रहे हो मुझे
तुम जिसने सयानों के कहे सच को माना
और अपनी जान में जल्लादों के हवाले कर
बहुत बरस पहले ही मुझे ठिकाने लगा चुके हो

लेकिन मैं निर्दयी जल्लादों के मन में
उस मोह के कारण
जो क़त्ल के बाद जगा
जैसे-तैसे आज तक साँस फोल रहा हूँ

यह देखो, मैं तुम्हारी आँख में
पता लिखा आँसू बनकर डोल रहा हूँ

यदि सुननेवाले पुनीत हों
फिर तो पत्थरों का भी कुछ कहने को मन हो आता है
और दीवारों के कान भी चाहते हैं
हम जीभ की जून में आएँ

लेकिन दीवारों को कान रहें
और जीभें न ही लगें तो अच्छा

यदि दीवारें इतिहास लिखने लगीं
फिर तो बहुत झंझट करने पड़ेंगे

अदला-बदली
करनी पड़ेगी
शहंशाह न्यायी राजा
सिर झुकाए शर्मसार कठघरे में होंगे
स्वर्ग के वासी
प्रेत-जून में आकर भटकेंगे
हर शाही दस्तार पर लगा
रंग-बिरंगा ख़ून दिखेगा
दीवारों को कान रहें और जीभें न ही लगें तो अच्छा

दीवारों का कुछ कहना
साबित होगा ख़तरनाक
यदि दीवारें बोल उठीं
तो कोई सुननेवाला पुनीत न रहेगा

मैं दीवार की जीभ जैसा
रहरासी शाम में पतित कहानी कहकर
चुप ही हो जाता हूँ
बुझी चिताओं की राख सिरों में फोल रहा हूँ
सिर पवन
न जाने मैं कौन, मैं भूत-प्रेत
बसते रहते शहर में मातम घोल रहा हूँ
मैं दूर देश से जलावतन साया बोल रहा हूँ

घड़ी

सफ़र से छूट गई चक्रों में पड़ी है
अपनी उम्र अजीब घड़ी है
जाना इसने कहीं नहीं
यूँ ही तेज़ चाल पकड़ी है

पर, दफ़्तर, तनख़्वाह तरक़्क़ी
रोटी, नौकरी, कच्ची-पक्की
चिट्ठियाँ, तारें और अख़बारें
छोटी-छोटी जीतें-हारें
एक-दो, ग्यारह-बारह की जगह
ये हैं इस घड़ी के हिंदसे

बार-बार वही चक्र काटे
और न कोई इसका रास्ता
यह बस अपनी उम्र निपटाए

मर चुकों ने इसे इसी रस्ते पर चलाया
भूत-प्रेतों ने इसका डायल ख़ूब बनाया

एक दिन ऐसे ही चलती-चलती
घिस-घिस झिरियाँ पुर्जे कंदर
अपने ही दंदों के भीतर
फँस जाएगी

आस-लालसा की चाबी होते हुए
एक हिंदसे पर
या कुछ हिंदसों के बीच
रुक जाएगी

अच्छा है मुक्ति हो जाएगी
अब भी किसी मुहिम में चढ़ी है
सफ़र से छूट गई चक्रों में पड़ी है
जाना इसने कहीं नहीं
यूँ ही तीखी चाल पकड़ी है

जब बुत बन जाता है

न चरखड़ी न प्याला ज़हर का
हर बशर निर्दोष तेरे शहर का
क्या कहूँ मगर अपने दिल की ज़हर से
क्या करूँ दरद की इस लहर का

जिसके आगे कुछ न ठहरे
न तेरी साँसों की गिनती का यक़ीं
न तेरे थक जाने की बात
और भी सोचों में मन डूबा जाता है
जैसे तू मरा नहीं
तुझे किसी ने मारा है

चाहे किसी अहसास या विश्वास ने ही
तुझे किसी ने मारा है

कल इस शहर का श्रृंगार होकर
बुत मर्मर का चौराहे पर खड़ा होकर
शहर के बाशिन्दों की
क़द्रदानी व प्यार—
का बनेगा इश्तिहार
मुस्कराता जाएगा

हर खिले चेहरे पे हर मायूस पे

हर प्रदर्शन व हर जुलूस पे
अमावस व पूर्णिमा पर
लूलों व अंधों पर

हर एक दुर्घटना व हर प्रीतिमिलन पर
हर एक बदचलनी व हर सच्चरित्र पर
देखकर विट-विट
बस मुस्कराएगा
बुत को न आँसू कभी
बुत को न ग़ुस्सा कभी आएगा

अब तो तेरे क़ातिलों को भी तेरे इस बुत पर
बेइंतहा प्यार आएगा
क्योंकि हर झाँकी पर बुत मुस्कराएगा
बुत को न आँसू कभी
बुत को न ग़ुस्सा कभी आएगा

चौक शहीदाँ में उसका आख़िरी भाषण

चलो दोस्तो कि अब यह चौक छोड़ू दें
कि अब यह चौक चौरस्ता नहीं है

होता था, जब सर्वांश जीता था
जब नींवों में पत्थर चिने जाते थे
पुत्र नहीं
जब सघन अँधेरा था
और कोई अता-पता नहीं लगता था
अँधेरे में यह तीर किधर से आता है
किसका चलाया आता है
और कोई जीन-जोगा लुढ़क जाता है
हर एक तीर पर क़िस्मत ही लिखा था
और उँगलियों के चिन्हों को पढ़ने की जाब नहीं थी
तब यह चौक चौरस्ता ही होता था

तब 'गर बुत बनकर आप इस जगह
पूरी उम्र भी सोचते रहते
कि किस ओर जाएँ
तो भी पूजनीय होते

और या जिस भी रास्ते घबराकर चल पड़ते
वैसे ही मासूम होते

अब मासूमियत क्या है

पाले हुए कपोत का साइडपोज़ है
या बुत की दस्तावेज़ी मुस्कराहट है
शहर को चोर लोरी दे रहे हैं
छलिया फूल बना है
और या लोमड़ी को मेमना चुनाव-चिन्ह मिल गया है

अब मासूमियत क्या है
अब तो पता है कि पेड़ पर तरकश
साहिबाँ ने नहीं, वक़्त ने लटकाया था

अब तो पता है कि हवा को हाथ उग आते हैं
यदि कंगन सोने के हों
अब तो पता है कि आत्मा भी मांस खाती है
अब तो पता है कि महक को भी दाँत होते हैं
अब तो पता है कि शगुनों-भरी रात में
दूध और पुत्र किसने क़त्ल किये
और क़ातिल के पदचिन्ह किस ओर गए
अब यह चौक चौरस्ता नहीं है

चलो यह चौक छोड़ें
किसी चौरस्ते पर पहुँचें
और वहाँ जाकर फिर दुविधा में पड़ें
यहाँ दुविधा में पड़ना फिर लौटकर कोख में पड़ना है

तुम्हें मैं क्या बताऊँ क़ीमती दोस्तो
तुम तो जानते हो
कि जिस चौक में
अपने हस्सास हँसमुख हमउम्रों का ख़ून बह जाए
फिर वह चौक चौरस्ता नहीं रहता

जिन चौकों में अभी हमउम्रों का ख़ून बहना है
वे आगे हैं

कभी नहीं सोचा था

वैसे तो मैं भी चंद्रवंशी
सौन्दर्यवादी
संध्यामुखी कवि हूँ

वैसे तो मुझे अच्छी लगती है
कमरे की हल्की रोशनी में
उदास पानी की तरह चक्कर लगाते
एल. पी. से आती
यमन कल्याण की धुन

वैसे तो मुझे भी बहुत अच्छा लगता है
शब्दों और अर्थों की चाबियों से
कभी ब्रह्मांड को बन्द करना
कभी खोल देना

क्लास-रूम में बुद्ध की अहिंसा-भावना को
सफ़ेद कपोत की तरह पलोसना
युक्लिप्टस जैसे हुस्नों पर
बादल की तरह रिस-रिस बरसना

वैसे तो मुझे भी बहुत अच्छा लगता है
आसमान पे सितारों को जोड़-जोड़कर
तुम्हारा और अपना नाम लिखना

लेकिन जब कभी अचानक
बदूक़ की नली से निकलती आग से
पढ़ने गए हुओं की छाती पर
उनका भविष्य लिखा जाता है
या गहरे बीजे जाते हैं ज्ञान के शर्रे
या सिखाया जाता है ऐसा सबक़
कि घर जाकर माँ को सुना भी न सकें
तो मेरा दिल करता है
जंगल में छिपे गुरिल्ले से कहूँ :

ये लो मेरी कविताएँ
जलाकर आग सेंक लो

उस क्षण उसकी बंदूक़ की नली से
निकलती आवाज़ को
ख़ूबसूरत शेर की तरह बार-बार सुनने को जी चाहता है

हिंसा भी इतनी काव्यमय हो सकती है
मैंने कभी सोचा न था

सफ़ेद कपोत लहूलुहान
मेरे उन सफ़ेद पन्नों पर आ गिरता है
जिन पर मैं तुम्हें ख़त लिखने लगा था

ख़त ऐसे भी लिखे जाएँगे
मैंने कभी सोचा न था

साज़

उसने अलग ही साज़ बजाया

महफ़िल के एक कोने से
तपता जगमग ताँबे रंग का
जैसे सूरज चढ़ आया

कोहरे-लिपटे पर्वत देखे
साँय-साँय बहते पानी देखे
चाँदी रंग के सहरा देखे
उसने अलग ही साज़ बजाया

नक्षत्र घूमें गर्र-गर्र
पहिए घूमें
दंदे घूमें
लाख-करोड़ गरारियाँ घूमें

पागलख़ाना शोर बन रहा
जन-अरण्य विलाप कर रहा
कुलबुलाते करोड़ों कीट-कृमि
अपना-अपना कर्म निभाते

लाख-करोड़ों टापोंवाले

ख़ूनी जबड़ों में उसने
आवाज़ को लगाम की तरह लगाया

उसने अलग ही साज़ बजाया

वह दिन

राह दिन 'गर अब कभी मिले
मैं उसके हंस जैसे सफ़ेद घायल बदन पर
मरहम लगा दूँ

लेकिन दिन कोई घर से रूठकर गया जना तो नहीं
जिसके बारे में कभी पता चले, यहाँ है, कभी पता चले, वहाँ
और फिर किसी शाम
वह फ़टेहाल घर आ जाए
या किसी स्टेशन पर गाड़ी का इंतज़ार करता मिल जाए
दिन कोई घर से रूठकर गया जना तो नहीं
दिन तो हमारे हाथों से मरे हुओं के
कराहते प्रेत हैं
जिनके ज़ख़्मों तक अब हमारे हाथ नहीं पहुँचते

अभी गुज़री कल तक
नहीं पहुँचती आज की चीख़ सदियों तक

नए देवते

घायल अहंवाले हारे हुए आदमी
तपते मनवाले मेरे जैसे दोस्त

लगता है कि रूह बहुत संतप्त है
शाम है और दिल में बड़ी उदासी है
शोकग्रस्त हिंदसे पर मन की घड़ी रुकी है

आज जैसी बुरी शाम जब भी आए
जब भी कभी पराजयों का अहसास घेरे
जब अपना अस्तित्व ही नमोशी बन जाए

और अपने जालीपन, अपने खोट का कमीना ख़याल
बहुत सताए
तो किसी देवता की आराधना करो

मोर-पंखों पर बैठी सरस्वती नहीं
गंगा-लहरी जटा-जूट शिव नहीं
शिव के नंदी पर सवार पार्वती नहीं
सात गायों को हाँकती उषा भी नहीं
किसी कोख से उगता कँवल भी नहीं
और न ही कँवल पर सुशोभित उमा

ये नहीं मेरे हमहाल हरगिज़ नहीं
इस तरह का कोई देवता

हमारे जैसे दिलों के काम का नहीं
हमारे अपने अलग व नए दुख हैं
हमारे अपने अलग व नए देवते

पराजय किसी और की
शामत किसी और की

या किसी जाने-माने हुनरमंद की बेअदबी
या किसी महानायक का अपमान
उसके अहं से रिसता लहू
ये हैं अपने नए देवते

आराधना इनकी अगर करो तो फिर जी उठो
संतप्त मन पर गिरें बूँदें
सुलगती रूह को मिले शान्ति
घायल अहं पर मरहम लगे
बुझते दिल को रोशनी मिले

हमारे अपने अलग व नए दुख हैं
हमारे अपने नए देवते

मोर-पंखों पर बैठी सरस्वती नहीं
गंगा-लहरी जटा-जूट शिव नहीं
सात गायों को हाँकती उषा भी नहीं
किसी कोख से उगता कँवल भी नहीं
और न ही कँवल पर सुशोभित उमा

पिता की अरदास

प्रभुजी, कब खुलेगा वह द्वार
ख़ुद ही साज़ हर पौधा जहाँ हो
ख़ुद इस साज़िंदा?

पिता उस द्वार के निकट कल रात
थक-हारकर बैठ गए
होंठों से वाणी मूक हो गई
होंठ फड़कते रह गए

सागर में कब मिलेगा
अस्तित्व का खारा आँसू

खोल दो पवन समुद्र के दर
मेरी साँसों के लिए
बासी देह ख़ाक में मिलकर
रक्तिम फूल बन मिल उठे

मैला जल-जलकर हो जाए
बारिश की बूँदों-सा कँवारा

अब हाथ न पलंग बनाएँगे
न रँगीले झूले

न वे पट्टियाँ जिन पर लिखें
बच्चे पहली बार क ख ग
अब तो अपनी देह दरख़्त है
और साँसों का आरा

एक जंगल है जिसके हर एक
वृक्ष का अर्थ है अर्थी

हर पौधे पर नाम है किसी का
एक पौधा प्रति प्राणी

उस जंगल में चलता रहता
सारी रात कुल्हाड़ा

प्रभुजी, कब खुलेगा वह द्वार
जहाँ हर पौधा ख़ुद साज़ है
और ख़ुद ही साज़िंदा

अपने ही आँसू हर बार
नहीं आते आँखों में
कभी-कभी हमारे पितर भी रोते
आकर हमारी आँखों में

साज़नवाज़

घायल हुए साज़नवाज़ पिता का
साज़ गिर पड़ा

एक हरा-भरा वृक्ष

पहले पल में सूख गया
दूसरे पल जल गया
तीसरे पल राख हो गया
चौथे पल फूल बना
पाँचवें पल फूल जल में तैर गए

पिता जो एक स्निग्ध अस्तित्व थे
अस्तित्व से मिट्टी
मिट्टी से अग्नि
अग्नि से जल हो गए

मैंने दूर तक जाते देखा
बहते पिता जल को...

पिता अब कहीं नहीं
मैं माँ के जिगर से लगा
नहीं मैं रो नहीं रहा
मेरी आँखों में ये आँसू नहीं

ये तो दो जल की कोंपलें हैं
ये तो दो पानी के शब्द हैं
ममता-भरे पिता के लिए पि...ता...
माँ ने मुझे अपनी बाँहों में समेटा है
जिस तरह धरती ने पौधे की जड़ों को
अपने में समोया होता है

माँ चुप है
घुलते किनारे की तरह चुप
बहती नदी की तरह चुप
धरती की तरह चुप
धरती जो वृक्षों से फूटते पत्तों को देख
उसकी जड़ों से बातें करती है

पिता मुझे तसवीर से देखते हैं
बस तू फूल की तरह खिला रह
फूल तोड़के मेरे चित्र पर
हार न पहनाया कर
मुझे यह फूलों की सूखी माला
अच्छी नहीं लगती

पिता की आँखों में मोह है
और एक तड़प भी
कि अब वे मेरे साथ
सिर्फ़ ख़ामोश बातें कर सकते हैं
मुझे बाँहों में

समेट नहीं सकते
लेकिन पिता, वे हत्यारे...

मैं जानता हूँ
हत्यारे कौन थे

लेकिन तुम मेरे पुत्र हो
साज़नवाज़ के

साज़ उठाओ
मैं अनंत काल तक जीना चाहता हूँ

ग्यारह हज़ार रातें

तुम्हारी दीवार पर टँगी चमकदार घड़ी
मेरा सूरज नहीं
न तुम्हारे कमरे की छत मेरा आसमान

और मैं सिर्फ़ यही नहीं
जो तुम्हारे सामने है एक वजूद
तुम नहीं जानते
मैं अकेला नहीं

इस दरवाज़े से बाहर खड़ी हैं
उदास नस्लों के ख़ून पर पलीं
मेरी ग्यारह हज़ार ज़हर-भरी रातें

ख़ूँख़ार अत्याचारी

मेरी काली फ़ौज

मेरी तारीख़ का आक्रोश

उदास दिन

आज बहुत उदास दिन है
और इससे भी उदास दिन चौखट के बाहर खड़ा है
और उसके पीछे उससे भी उदास दिन

उदास दिनों की दूर तक क़तार है
उदास दिनों की फ़ौज
और मेरी आँखों में सिर्फ़ नमी

दोस्तो

हम सभी अभी ज़िन्दा हैं कहीं न कहीं
लेकिन बहुत दिन पहले मर गई थी हमारी दोस्ती
जब हम लोग डेरे से विदा हुए
तो चौक में एक क्रंदन छोड़ आए थे
शायद वही दोस्ती थी

हमें हमारे घरों ने बुला लिया था
हमारे घरों के लोग हमें डेरे के मुर्शिद के पास
हमें छोड़कर भी इसीलिए गए थे :
इन्हें अच्छी तरह ठोक-बजा दो मुंशी जी
कुछ बना दो
नोटों के पौधे रोपनेवाली खुरपी

या गिरते घर का स्तम्भ
बुढ़ापे की लाठी
इस तरह चमका दें मेरे लाल को चोरी-चोरी
कि शरीकों की आँखें चुँधिया जाएँ
मास्टर जी की शिक्षा भी यही थी
और हमारे रक्त में
माँ की छातियों की गुप-चुप लोरी ने भी
शायद यही कुछ लिखा था

हम अपने-अपने घर लौट आए

किसी-किसी रात ऐसा लगता है
हमारे घर छोटे-बड़े समुद्री जहाज़ों की तरह
ख़ौफ़ के समुद्र में तैरते हैं
जब कोई जहाज़ डूबता है
तो लोग खिड़कियों से झाँकते डरते हैं
और शुक्रगुज़ार भी होते हैं
यह जहाज़ जो डूबा है
हमारा नहीं

डाक्टर बीमार ऋतुओं का इंतज़ार करते हैं
मुंसिफ़ क़त्लों के लिए उकसाते हैं
और राष्ट्र-निर्माता ख़ूँख़ार नदियों के पुलों की
परिपक्वता अपने घर ले आते हैं

कोई आवाज़ उठाता है
तो किसी रात
ख़ुद को
सम्मानित क़दमों में पाता है

क़दम जो उसकी आवाज़ को ख़ूब धुनते हैं
और उसकी नीम-बेहोशी में

लूट का माल बाँटते हैं

आप कहेंगे
कवि, तुम उदास हो
तुम्हारी उदासी कुछ भी नहीं
यूँ ही बचा-खुचा आदर्शवाद है
किसी मर चुके संकल्प की
धीरे-धीरे मर रही स्मृति है

हाँ दोस्तो धीरे-धीरे मर रहा है
बहुत कुछ
मर रहा है चुपचाप
एक-दूसरे का सहारा
सही बात के लिए खड़े होने का साहस
जीने का अर्थ तो दूर की बात है
जीने का चाव भी मर रहा है

मैं आपसे नहीं माँगता
नायक और शहीद और महान् बलिदान
मुझे चाहिए
अधूरे-से वाक्य, उठे हुए हाथ
छोटे-छोटे करोड़ों क़दम

उदास दिनों की फ़ौज का मुँह मोड़ने के लिए
मैं माँगता हूँ आपके दिलों में छिपी
बची-खुची
दोस्ती का सहारा
अपनी साँझ की स्मृति
आप चाहे कह लें इसे कोई भी वाद

मुजरिम

इस हाथ से काँटे उगे हैं
बचकर रहना

लेकिन यह न भूलना
ये हाथ को बींधकर उगे हैं

फ़र्क़

जब छोटे थे
एक बाग़ में फूल बहुत थे
हम दो थे

लेकिन जब बड़े हुए तो
बाग़ एक था
हम दो थे

मौत

हमारे सामने वह मारा गया इस तरह
और हम जीते रहे कुछ इस तरह
जैसे कि हम ज़िन्दा न थे

एक अहसास

इधर डूबता सूरज है
उधर झड़ते पत्ते हैं
इधर विह्वल नदी है
उधर सूना पथ है

मेरे चारों ओर ये
दर्पण क्यों लटका दिए

एक नदी...

एक नदी आई
ऋषि के पास
दिशा माँगने

उस नदी को ऋषि की
प्यास ने पी लिया

दर्पण की शिखर दोपहर में

एक बदसूरत लड़की
सुलग रही दर्पण की शिखर दोपहर में
व्यर्थ ही ढूँढ़ रही
दर्पण के मरुस्थलों से दिल का कँवल

इससे आगे

इससे आगे तो नंगी झीलें हैं मेरे यार
दूध के बुतों को चढ़नी है क़हर कुफ्र बहार

ऐसी पतझड़ की हवा बहती है
जिसके लिए जिस्म का पहरावा तो सिर्फ़ पत्ते हैं

इतने भावुक न हों नाटक में
कि ख़ुदकुशी के लिए सचमुच का ज़हर पी लें

चलो छोड़ो मोह और ममता का अब मज़ाक़
बहुत हो चुका
शाम ढलती है आ जा लौट चलें

इससे आगे तो हंस-पवन बहे
दूध से पानी बिछड़कर रोते हैं
इससे आगे तो ऐसा आलम है
हर कोई अपनी असली जून में पड़े

'गर तुम पानी में पैर रखोगी
पल में मछली का रूप धरोगी
'गर मैं पानी में पैर रखूँगा
पल में पानी का वेग होऊँगा

इससे पहले कि तुम्हें समझ पाऊँ
इससे पहले कि मेरा अक्स दिखे
आ जा पानी को गँदला कर दें
शाम ढलती है आ जा लौट चलें

इससे आगे तो पितरों के प्रेत
पवन बनकर वनों में रोते हैं
इससे आगे तो हर क़दम के नीचे
माँ की लोरी का टुकड़ा आएगा

इससे आगे तो आदमी के ऊपर से
उसकी पोशाक
उसका नाम
उसकी याद किए
बंदा पवन पानी की जून में आए

मुझे इस बेनाम आलम की
बेकिनारी से ख़ौफ़ आता है
मुझे अपने घरों के दायरे से
कोई नाम ले-लेकर बुलाता है

कोख कहती है

चुप की धूप में क्यों जलते हो
आओ शब्दों की छाया में आ जाओ
रूहों के शून्य में क्यों ऐसे घुने जाते हो
जिस्मों के जंगल की ओर इस रास्ते आ जाओ

परदेस की संध्याएँ
मढ़ियों के पास से
किसी पितर की
या किसी अजन्मे वारिस की
तुम्हें आवाज़ आएगी

आवाज़ सगी होगी, नीयत सौतेली

उस होंठ-रहित आवाज़ को सुनकर
अनसुना कर देना
नहीं तो होंठ-रहित शब्द
तुम्हारी अँतड़ियों में
घोंसला बनाने के लिए तड़पेगा
किसी ग़ैर की रूह तुम्हारे ख़ून से
अपने लिए जिस्म बनेगी

आगे न जाना
उस शहर के रास्ते में

एक वह नदी भी आती है
कि अपने ही बिना कोई पुल नहीं होता
और अपनी लाश के बग़ैर
नाव नहीं मिलती कोई

जो तुम्हारे सारे पंछियों के लिए जंगल
जो तुम्हारी सारी मछलियों के लिए
पानी हो सकती है
माना मैं वह तो नहीं हूँ

माना कि मैं वह मुक्ति का दरवाज़ा हूँ
जिससे गुज़रकर
तुम्हारी कुछ साँसों को मुक्ति मिल जाएगी
बाक़ी साँसों को मिलेगी मौत अन्यायी
और आवागमन रहेगा

पी जाए तुम्हारी सारी अर्थ-पीड़ा को
माना मैं वह शब्द तो नहीं हूँ

फिर भी
शायद तुम्हारा दुख झेलने के लिए
या अपना ख़ालीपन भरने के लिए
कहती हूँ :

चुप की धूप में क्यों जलते हो
आओ शब्दों कई छाया में आ जाओ
रूहों के शून्य में क्यों ऐसे घुने जाते हो
जिस्मों के जंगल की ओर इस रास्ते आ जाओ

वह

वह तो मेरी अधेड़ शाख़ों के डरावने अँधेरों के बीच
एक नाजायज़ सपने का निराधार घोंसला है
मेरे ऋषि मस्तक में वह नर्तकी के पाँवों के बिन्दु जितना पदचिन्ह है
वह मेरी अन्तहीन जामुनी रात का एक ज्वलंत चाँद है
वह मेरे अधेड़ सभ्य सीने में
छिप-छिपकर दहकती असभ्य अश्लील आग है

उसका नाम एक ऐसा शब्द है जो तपते संगमरमरी मीनार पर
क़तरा-क़तरा ठंडा पानी बनकर दिन-रात गिरता है

वह मेरे संसार में बहती एकमात्र नदी है
जो सिवाय मेरे और किसी को नज़र नहीं आती
वह मेरे उजाड़ों में एक नारी-मन्दिर है
वह मेरी बरसात में दिन-रात भीगता एक नंगा बुत है
वह काली रात में दहकती दैवी अग्नि है
वह धरती के नीचे की ज्वाला है
वह वस्त्रों के नीचे छिपी एक युगों लम्बी रहस्य-कथा है
उसका चेहरा झिलमिल करती कायनात है
उसके नयनों से ब्रह्मांडों का सारा हुस्न दिखता है
वह दुनिया का सबसे हसीन साज़ है

उसकी पलकों से हवा की अदृष्य तारें बजती हैं
किरनों की तारों का बना साज़ झनझनाता है
लेकिन वह मेरे अधेड़ असभ्य सीने में
छिप-छिपकर दहकती असभ्य अश्लील आग है

मैं छूने लगा तुम्हें

मैं छूने लगा तुम्हें
बहु-चीत्कार हुआ
आँधियाँ तड़प उठीं
सौ शंखनाद चीख़े
घड़ियाल बज उठे

चूल्हों से आग निकलकर
माँओं
पत्नियों
बहनों
के सीनों में सुलगी

खुले केश लिये एक स्त्री
चीख़ी व भाग उठी

उसके कहर से
कुल-देवतों के पत्थर
राजाओं के मुकुट काँप उठे

सतिगुरु क्रुद्ध हुए

और मेरे शिष्य हँसे

मैंने अपना हाथ तुम्हारी तारों से हटाया
तरबों से दूर किया
मैंने राधा को मोहनेवाली इस मधुर वंशी से
होंठ हटाए
रुक्मिणी के ख़ामोश क्रंदन से
मैं डरा
एक साफ़ उजला पन्ना
मेरे क़रीब आया :

मेरे ऊपर कुछ भी लिख दो
नेकी-बदी के ताज़े चिन्ह उकेर दो
प्रकृति व सभ्यता में एक और समझौता
तुम अपनी इच्छा जैसा नया उपनिषद् रच दो

मेरे ऊपर कुछ भी लिख दो
तुम स्वयं मुक्त हो जाओ
और उसे मुक्त कर दो

तुम ख़ुद नीर बनो
और उसके सीने में सदा आग सुलगे
यह तो बात सही नहीं

एक साफ़ उजला पन्ना
मेरे क़रीब आया
और मैं लिखने से डर गया

अन्तर-संवाद

राधा नाराज़ है
रुक्मिणी उदास
और कृष्ण परेशान

कृष्ण जो सोलह कला सम्पूर्ण अवतार नहीं
अधेड़ आयु का कवि है
जिसके बालों में धूप और छाया की बहस चल रही है
होंठों पर बाँसुरी नहीं
बेजान-सी ख़ामोशी है
और सीने में राधा और रुक्मिणी के संवाद
जो उन्होंने बोले नहीं

लेकिन कवि है न
बिन बोले को वाणी देना
उसका वरदान भी है व श्राप भी

"यदि तुम्हें ऐसे ही लौट जाना था, कृष्ण
तो तुम आए ही क्यों?"
राधा कहती है,
"किसने रखा था तुम्हारा नाम कृष्ण
ओ दुविधा के अवतार
तुम किसी अर्जुन को क्या गीता-उपदेश दोगे

तुम तो ख़ुद ही
युद्ध के बीचोबीच
तीर-कमान फेंक दोगे

ओ वंशीधर, तुम बाँसुरी-नवाज़ नहीं हो
तुम बाँसुरी से स्वरों के पत्ते नहीं उगा सकते
सिर्फ़ उसे ईंधन बना सकते हो
अपने संताप की आग का ईंधन

लेकिन जाओ
मैं तुम्हें तुम्हारी तपिश के नाम पर
माफ़ करती हूँ"

"मेरे भूतपूर्व प्रभु"
कवि के मन-मंच पर
रुक्मिणी बोली,
"उठा लो मिट्टी में गिरा अपना प्रभा-मंडल
और अपनी वासना की बाँसुरी

अग्नि—जो हमारे पवित्र बन्धन की साक्षी थी
अब कहीं बाहर नहीं
मेरे भीतर जल रही है

तुम लौट आए हो
लेकिन मेरे सीने में सुलग रहे हैं
तुम्हारे चोर-क़दमों के जाने के निशान...

यह कोई गणित का प्रश्न नहीं, प्रभु
कि तुम्हारे जाने के पदचिन्हों से
तुम्हारे लौटने के पदचिन्ह मनकी कर दूँ
ताकि जो हो चुका है
वह सिफ़र हो जाए

तुम्हारे मन में जो शंखनाद चीख़े
तुम्हारे दिल में जो मंडप की अग्नि कुछ-कुछ सुलगी
उस अग्नि के नाम पर
मैं तुम्हें क्षमा तो कर सकती हूँ
लेकिन तुम्हारी बाँहों में बेफ़िक्र सो नहीं सकती
और तुम भी बेफ़िक्र न सोना, प्रभु

यह जो सुलगती इबारत-सा
मेरे मन में आया है
यह मुझे तुम्हारी बाँसुरी ने ही सिखाया है"

नमस्कार

उसे देखकर
वह जो तुम्हारे सीने में
फूल खिला था
वह मैं सहन नहीं कर पाया

मैं उस फूल को वर्जित करने लगा
मेरे सीने से ही यह आवाज़ आई :

ओ मेरे मन
यह तो ऐसे ही तुम्हारा वहम है
कि वर्जित फूल मुरझाकर मर जाते हैं

वर्जित फूल कभी नहीं मरते
वर्जित फूल हमेशा जून बदलते
जून बदलकर साँप बन जाते
अपने घर के कोनों-छिद्रों में
कहीं छिप जाते

उसे वर्जित न बना
खिलते फूल को नमस्कार करो

नमस्कार करो
छाती के भीतर की नेकी-बदी इच्छाओं को

नमस्कार करो छानी के भीतर के अन्धकार को
नमस्कार करो इस भीतर की कायनात को

इसके साथ झगड़ा मत करो
पागल हो जाओगे

बलि

तुम्हारा नाम घुलता है मेरे वजूद में
कोंपलों की तरह
फूटती हैं कच्ची कोंपलें
शुक्र है वे किसी को दिखाई नहीं देतीं

तुम्हारी पलकों के झपकने से
हज़ारों साज़ बज उठते हैं
मेरे पानी की सतहों में

तुम्हारा चेहरा
जैसे एक चाँद मुझे देखता
एक चाँद मुझे जानता
दूर-दूर से मुझे अपने नयनों से छूता

वस्त्रों के पार
छिपी एक पूरी कायनात

दो प्रभात
महकते
काले गुलाबों के पास
जुड़ी चंदन की गालियाँ[1]

1. गोल की गईं लकड़ियाँ।

इस चाँद की लौ में
उछलता एक समुद्र मैं
दीवारें खोरता

पानी परोसते तुम्हारे नयन
पानी छिपाता अपने पानी में स्निग्ध चाँद
तुम्हारे प्रभात

पानी चढ़ता तुम्हारी अनछुई
संगमरमर की सीढ़ियों पर
पानी हो जाता विभोर—बावरा

तुम्हारी तानों, झालों, तुम्हारे गुंबदों के पास
पानी लेता आलाप

पानी लौटता
पानी बनता फिर मैं

मैं देखता
घर की खुदी दीवारें
बाढ़-मारा परिवार
बलि लेकर उतरता दरिया

मैं क़दम बढ़ाता हूँ तुम्हारी तरफ़

मैं क़दम बढ़ाता हूँ तुम्हारी तरफ़
तो क़दमों के नीचे
पवित्र पुस्तकों के पन्ने आते हैं

लोरियाँ आती हैं
मेरी माँ की
मेरे पाँवों के नीचे
आती है
अख़बार में छपी
मेरी तसवीर

मेरे पैरों के नीचे पक्के स्थान आते हैं
पुरखों की समाधियाँ
व उनके उपदेश...

'गर यह सब कुछ क़दमों के नीचे आता है
तो ज़रूर तुम भविष्य की ओर जा रहे हो

यह जो तुम्हारे पीछे
विलाप करता है
यह अतीत है
और यह हँसी
उन लोगों की है

जो अतीत की ओर चल रहे हैं...
लेकिन यह कौन सिसक रहा हवाओं में
और मेरे ही भीतर?

यह शायद तुम्हारे बच्चों की माँ है
बच्चों को बहला रही
उसने हर तरह की
अभी-तभी से बचने के लिए
पता नहीं किस चीज़ की बुक्कल मारी है
रब्ब के नाम की
तुम्हारे लौट आने की उम्मीद की
या अपने बच्चों के भविष्य की

नहीं मैं इससे आगे नहीं जा सकता
इससे आगे मेरी कुमति जाएगी

मैं तो यहीं
इस रहस्यमयी तीर्थ की परिक्रमा करूँगा

तुम्हारे
उसके
और बच्चों के आकर्षण में बँधा
घूमूँगा
मैं नहीं
इससे आगे मेरी कुमति जाएगी...

मेरे साथ रूठकर सो नई ज़मीन में
न जाने क्या कुछ

उग रहा होगा
ख़ुदकुशी
बेवफ़ाई
पागलपन

काली कथा

वह रात बीत गई
लेकिन उसकी सितारों-भरी चुनरी
संस्कारों के काँटों में उलझ गई

पितरों की अदालत ने उस चुनरी को
अपनी हिरासत में ले लिया

जब कभी वे मेरे दिल की कचहरी में
अदालत लगाते हैं
मैं बयान देता हूँ :

वह जब मिली
बड़ी उलझी-सी थी
'कहीं दूर चलते हैं' उसने कहा
और ढली दोपहर के चौक से
धुएँ की तरह निकलती
शाम की पगडंडी पर हम चल पड़े

आगे मुँह-अँधेरे के दरख़्त थे
आगे रात का जंगल

रात का जंगल?
तुमने उससे कहा लौट न चलें?

नहीं
सितारे किसी महान पुस्तक के अक्षरों की तरह चमक रहे थे

वह कहने लगी
आख़िर वह मेरे पास ही आएगा
वह बड़ी जगह मरेगा
लेकिन उसकी मुक्ति मेरे द्वार आकर ही होगी

मेरा मन जंगली डेरा है
जिसमें मुहब्बत की धूनी जलती है
मैं उसकी आख़िरी ज़ियारतगाह हूँ
वह जिस्मों के जंगल में भटकता ऊब जाएगा
वह हवा में अपनी तसवीर बनाने की कोशिश करता
पागल हो जाएगा
तो मैं उसे अपने सीने से लगाकर
शान्त कर दूँगी
मुझमें अभी भी बहुत शक्ति है
मैंने तुम्हें कहा था न
मेरे जिस्म में मुहब्बत की धूनी जलती है
जलती है न?
देख जलती है न?

जलती होती तो अब तक वह ज़रूर लौट आता

मैं एक सूनी सुनसान हवेली हूँ
जिसके शून्य में मेरी माँ की सिसकियाँ हैं
मेरी सौतों की हँसी है
मेरे पिता की मृत्यु का विलाप है
मेरे भाई का परदेस

मैं एक ठंडा शून्य हूँ...

वह प्यासी रेत की तरह हाँफ रही थी
एक पल तपता मरुस्थल
दूसरे पल तड़पता पखेरू
एक पल काँपती लाट
दूसरे पल रात में मिली रात...
और दूर कहीं झाड़ियों पर बारिश उतर आई
मोर कूकने लगे
काली रात में वृक्षों का राग शुरू हो गया

वह उस राग में तड़पती रही
रिमझिम बारिश झाड़ियों पर गिरती रही
बियाबान में मोर कूकते रहे
उफनते जल में वह हाँफती रही
उसकी रूह में सुख व दुख
करवटें लेते रहे
और फिर वह शिद्दत से तड़पकर शान्त हो गई...

उसके चेहरे के नीचे
दूर तक जो संतप्त टीलों की रेत थी
भीगकर हंस-सी हो गई
बस पल-भर बाद ही
सितारों-भरे आसमान की
लिपि बदल गई
पितर-पुरखे, प्रेत-आत्माएँ
बहस में उलझ गए
रात एक दंदोंवाले पहिए की तरह
मेरे पास आती गई
फिर किसी अजीबोग़रीब भाषा में
प्रेतों की पंचायत ने फतवा सुनाया

जो कुछ समझ आया
कुछ न आया :

ललचाई मिट्टी, अंधी-बहरी बारिश जमा काली रात
बदकारी के बराबर है
विश्वासघात के बराबर है

फिर वह मिला
थका-माँदा
टूटे हुए साज़-सा
मन की टूटी हरी कच्ची कोंपलों-सा
मैंने उससे बहस की :
वह कोई खेत नहीं
उसकी भी कुछ मर्ज़ी है
तुमने उसकी क्या हालत बना दी
वह तो पागल हो जाएगी, वह तो मर जाएगी
मैंने उससे बहस की
लेकिन फिर भी जाने क्यों
मेरे मन का कोई हिस्सा क्रंदन करता है

और मुझे
पितर-पुरखों की अदालत में
पेश होने के लिए
अक्सर बुलावा आता है

हे पितर-पुरखो

हे पितर-पुरखो
मर-मरकर ज़िन्दा होते
भला हमें उस छाननी से छानना
क्यों ज़रूरी है
कि हमारी हँसी तो दोज़ख़ की आग में किर जाए
और ऊपर सिर्फ़ आँसू रह जाएँ

हे जवाँ पुत्रो
तपते-खपते हुओ
दरख़्तों का उस दर से गुज़रना ज़रूरी है
जहाँ से गुज़रते
वे दरख़्त न रहें
ताबूत, मेज़ और कुर्सियाँ बन जाएँ
बन जाएँ दरवाज़े

हे पितर-पुरखो
मर-मरकर ज़िन्दा होते

भला क्या ज़रूरी है
तुम्हारा मर-मरकर ज़िन्दा होना
दिलों में बसकर हमारा लाल ख़ून पीना

हे जवाँ पुत्रो

तपते-खपते हुओ
हम तो मुद्दतों बरसों से मर चुके
हम तो अपनी चिता जलने से
पहले ही ठंडे हो गए
हम नहीं ज़िन्दा होते
यह तो तुम्हारे दिलों में हमारी कोई स्मृति है
जो आबाद है

हम नहीं बोलते
यूँ ही कोई स्मृति-तरंग ही
रक्त में तुम्हारे उफन रही

इतिहास

इतिहास तो हर पीढ़ी लिखेगी

बार-बार पेश होंगे
मर चुके
जीवितों की अदालत में

बार-बार उठाए जाएँगे क़ब्रों से कंकाल

हार पहनाने के लिए
कभी फूलों के
कभी काँटों के

समय की कोई अन्तिम अदालत नहीं
और इतिहास आख़िरी बार कभी नहीं लिखा जाता

मैं रात का आख़िरी जज़ीरा

मैं रात का आख़िरी जज़ीरा
घुल रहा, विलाप करता हूँ
मैं मारे गए वक़्तों का आख़िरी टुकड़ा हूँ
ज़ख़्मी हूँ
अपने वाक्यों के जंगल में
छिपा कराहता हूँ
तमाम मर गए पितरों के नाख़ून
मेरी छाती में घोंपे पड़े हैं
ज़रा देखो तो सही
मर चुकों को भी ज़िन्दा रहने की कितनी लालसा है

नहीं

टिकी रात में उसने 'नहीं' इस तरह कहा
कि क़ब्रों और चिताओं से
सहस्रों पितर चिल्ला उठे
सम्मानित पिता का सिर काँपा
और पलों में काले केश सफ़ेद हो गए
पवित्र पुस्तकों के अक्षरों के नीचे फूल दिखे
जल पर तैरते
मृत माँ चौंकी...

टिकी रात में उसने 'नहीं' इस तरह कहा
कि सितारे
कितने पल घुँघरुओं की तरह खनकते रहे
मिट्टी से रक्तिम गुलाब उगा
अहल्या जागकर नृत्य करने लगी
वृक्षों से सैकड़ों पत्ते झड़ गए
सहस्रों नए फूट उठे

बहुत कुछ टूटने की आवाज़ आई
बेड़ियाँ, हथकड़ियाँ, जेल की दीवारें
और ज़ंजीरें

किसी की भयानक चीख़ सुनी
शायद वह अन्धकार मर रहा था

जो सदियों से बीमार था

टिकी हुई रात में उसने 'नहीं' इस तरह कहा
कि लोहे के गेट से
हज़ारों बच्चे हँसते शोर मचाते बाहर निकले
और वह पत्थर के बने मगरमच्छ के मुँह की तरह
खुला रह गया

आत्मोपदेश

हम चेतना की ज़ंग-खाई घड़ियाँ हैं
वक़्त के किसी हिंदसे पर
बस ऐसे ही खड़ी हैं

जब कोई हिंदसा झिंझोड़ता है
हम चौंककर अकस्मात् चलने लगती हैं
कुछ देर टिक-टिक कर
इकट्ठी ही या एक-एक कर
फिर किसी हिंदसे पर ऐसे ही खड़ी हो जाती हैं

इस दौरान हमारे मनों में पलते रहते हैं
हमसे भी छिपकर
अजीब-अजीब अरमान, जज़्बात और ख़यालात
जैसे जाला और जंगाल

आदमी अपने मन में उतरे
बहुत गहरे
बहुत ज़रूरी है
आत्मा के दर पर देता रहे पहरा
बहुत ज़रूरी है

नहीं तो आत्मा पर
पहले छोटे व फीके

फिर बड़े व गाढ़े
दाग़ बनने लगते हैं
और आत्मा के तंतु
कुछ देर काँपकर
उन्हें सहन करने लगते हैं
और फिर धीरे-धीरे
अपनी आत्मा पर
किसी और का अधिकार होने लगता है
दृश्य धुँधला है या हमारी आँखें
सन्देह होने लगता है

अब नहीं तो कुछ दिन अटककर ही सही
मन पर पड़ी
अनेक स्याह रातों में भटककर ही सही
क्या ठीक है और क्या ग़लत
दुविधा की इस सलीब पर
लगातार लटककर ही सही
दृश्य में जो कुछ मैला है
उस ओर उँगली उठाना ज़रूरी है
दृष्टि पर ज़रा-सा दाग़ आए
तड़प उठना ज़रूरी है

नहीं तो आत्मा में इतना शोर बुना जाएगा
न कुछ ठीक तरह कहा
न सुना जाएगा
सब ठीक है, सब चलता है
यही वाक्य, बहुत गहरा
मन में सुना जाएगा

मैं नहीं कहता कि अपने बच्चे को
खिलौने न दो
मिठाई न दो

स्कूल की वर्दी
सफ़ेद क़मीज़ व नेकटाई न दो
या उसके लिए बैंक-बैलेंस न छोड़ जाओ
लेकिन उसके लिए धरती पर मस्त पवन भी छोड़कर जाओ
साँस ले सके चैन से उसकी आत्मा
ऐसी फ़िज़ा भी छोड़कर जाओ
पक्का मकान भी ज़रूरी सही
लेकिन ज़िन्दगी की अच्छाई में
उसका पक्का यक़ीन भी बहुत ज़रूरी है
हमारे बच्चे के लिए
हमारी लम्बी उम्र भी ज़रूरी सही
लेकिन हमारा जगमगाता इतिहास भी बहुत ज़रूरी है

और फ़िलहाल हमारा इतिहास यह है
कि हम चेतना की ज़ंग-खाई घड़ियाँ हैं
वक़्त के किसी हिंदसे पर
बस ऐसे ही खड़ी हैं
जब कोई हिंदसा झिंझोड़ता है
हम चौंककर अकस्मात् चलने लगती हैं
कुछ देर टिक-टिक कर
इकट्ठी या एक-एक कर
फिर किसी हिंदसे पर ऐसे ही खड़ी हो जाती हैं

लौटकर

तुम बहुत रोईं व चिल्लाईं
वह लौटकर नहीं आया

फिर एक दिन
तुम्हारे चेहरे पर
मुस्कराहट लौट आई

ज़िन्दगी, ऐ ज़िन्दगी
मौत से तुम कभी नहीं हारतीं

उदासी

लेकर चिता की राख का काजल
जिन्होंने नयनों में बसाया
फूल खिला देख लगे हँसने
नयनों में जल भर आया

पत्र

उसे पत्र भेजते रहो मोह से भरे
वरना ग़ैरों की नगरी में
शाख़ नंगी हो जाएगी

उनका विलाप

एक बार आप फिर आओ
वे कहते हैं
हम तो तरस गए हैं

सिरफिरे सूरज की धूप के जामुनी दिनो
आप बहुत याद आते हो

जामुनी दिन
जब आम के वृक्षों पर
आम नहीं
स्तन लगते थे
जब ख़रबूज़े के खेतों से
चीरी हुई पिंडलियाँ पिसती थीं
और स्वर्ग का रास्ता
बहुत सीधा था
दुश्मनों की ज़ायियों से
मांस के पुलों के ज़रिये
आग के पानी की तरह

जामुनी दिन
जब बलात्कार भी
जिहाद का हिस्सा था
पाप ही पुण्य था

काली फनियर इच्छा
और आदर्श में
कोई द्वैत न था

हमारे किसी पवित्र फ़र्ज़ के बहाने
एक बार आप फिर आओ
सिरफिरे सूरज के जामुनी दिनो

हम आपके बहाने
रिहाई दे देंगे
अपने भीतर रोकी हुई मैली नदियों को
अतृप्त पितरों की प्रेतात्माओं को
दबी हुई काली भावनाओं को

पेशीनगोई

दीवाली की रात थी

मैंने ऊँचे चढ़कर देखा
जो कभी न देखा था
कि आधे नगर में जल रहे दीये

रात दीवाली की
और आधे नगर में जल रहे दीये

यह तो कोई त्योहार न था
ज़मीं आसमान में लटकी
कोई तसवीर थी
तहरीर थी
चंदरी-सी पेशीनगोई थी
जो काली रात के काले पन्ने पर
आग के ज़रद काँपते अक्षरों से लिखी हुई थी

मैंने उस ज़रद और काली-सी पेशीनगोई को
पढ़कर देखा
इबरतनाक थी उसकी इबारत
कुछ इस तरह थी :

जब आधे नगर में शोक है
आधे नगर में दीपमाला है

नगर यह कब तक बसनेवाला है
यह दीये कब हैं दीये
यह तो हैं जैसे आग की जीभें
यह अँधेरा कहाँ है सुन्दर रात्रि
यह अँधेरा तो साजिश है
यह दीये भी अँधेरा भी
ये तो ख़ामोश तारे हैं
ये झंडे हैं
ये तो हथियार हैं
इश्तिहार
छिपा द्वैत लिये

ख़ैर वे जल गए दीये
ढल गई रात
और टल गए पेशीनगोई व त्योहार
शायद इसलिए कि दिलों के अन्दर
कोई इतिहास बाक़ी था
कल की उम्मीद बाक़ी थी

लेकिन अगली बार
अब त्योहार से पहले
नगर के दिल का दुखड़ा फोल लेना
उन माँओं के आँसू पोंछ देना
जिनके मुसाफ़िर बेटे घर नहीं लौटे
जो कहीं मौत के जंगल में गुम हो गए
जिनके बनवास अब कभी ख़त्म न होंगे

और उन कुम्भकारों, तेलियों व पेंजियों को भी
सिला देना
जिन्होंने दीये रचाए थे
जलने लायक बनाए थे

और फिर दीये जलाकर रखना
अपने बनेरों पर
जो हँसे न किसी घर के अँधेरे पर
वे दीये रात के काले मखमली पन्ने पर
लिखे लगेंगे
किसी असीस की तरह
और तब दीवाली त्योहार होगी

तब तक तो यह सब कुछ
ज़मीं आसमाँ में लटकी
कोई तसवीर है
तहरीर है
चंदरी-सी पेशीनगोई है
जो काली रात के काले पन्ने पर
आग के ज़रद काँपते अक्षरों से लिखी हुई है

हमारे सीने में तो पुत्रो
सोच है मैली
तुम्हारे चमकते ख़ंजर
शफ़्फ़ाफ़ उजले हैं

प्यारे मुरीदो
हमारी ही संस्था की गूँज हो
आओ तुम्हें मुर्शिदों के
क़त्ल माफ़ हैं

अब इन नदियों से...

अब इन नदियों से
कहने को मेरे पास क्या है?

मेरे रहबर ने यूँ कहा था :

सूरज-चाँद चिराग़ हैं मेरे, थाली गगन है
सृष्टि एक साज़ीना
भूत, भविष्य व वर्तमान की सब आवाज़ें
इस राग में मिली हैं
यह सब एक साज़ीना

रात-दिन चला मेरा रहबर
झाड़ियों को उसने रास्ते दिए
और रास्तों को मंज़िल
नींदों को सपने दिए
सपनों को आकार

आकार जब लगे चमकने
चिन्ता हुई अन्धकार को
महल उसके लगे डीलने
महलों के आधार
दलील जब हो गई कमज़ोर

उठ गई शाही तलवार
दिए शीश उतार

फिर उठी हक़ की तलवार
सूरज की तरह स्वाभाविक
तलवारों का अपना अर्थ है नहीं कोई
तलवारों को अर्थ देते हाथ
और हाथों को मस्तक
मस्तक को इतिहास

उलझ गए हैं आजकल हमारे
मस्तक और इतिहास

आपस में झगड़ रहे हैं
पाक पवित्र पन्ने और अख़बार

सूरज का सन्देश
दीयों का विलाप
रूहों के संतप्त क़तरे
और ईश्वरीय दरिया

घर की दीवारें व क्षितिज

रोटी के भूखे मुँहों का क़ाफ़िला
इतना लम्बा हो गया
कि फ़लसफ़ों को खा गया
और ख़ुद फ़लसफ़ा बन गया

पहली बात है धरती
दूसरी बात खेत

बातों के बीच की बात हक़ हलाल

और तलवार?

तलवारों का अपना अर्थ है नहीं कोई
तलवारों को अर्थ देते हाथ
और हाथों को मस्तक
मस्तक को इतिहास

स्थानहीन

यह तुम्हारे शब्द का दरबार है
और
पल-पल
झुलसता ही जा रहा हूँ मैं स्थानहीन
तुम्हारे मुख पर कोई दाग़ भी नहीं है
कि छाया में बैठ जाऊँ

स्थानहीन वह नहीं होता
कि जिसका घर नहीं कोई
जो अपनी नज़र से गिरे
स्थानहीन वही होता है

ख़ौफ़

बन रहे हैं इनसान से फिर पत्थर
फिर मिट्‌टी
फिर पानी
बन रहे हैं पंक्तियों से फिर शब्द
और शब्दों से
दहाड़ें
चीख़ें
चिंघाड़ें
धरती उलटी घूम रही है
ख़ौफ़ से
मिट्‌टी खा रही है वृक्ष
जल अपने स्रोतों को लौट रहे हैं
पीछे लौटते हैं फूल

फेंककर यह साज़
ये पवित्र किताबें
ये प्यारे चेहरे
भाग उठेंगे सिर्फ़ इक जान लेकर
बन रहे इनसान से सिर्फ़ प्राण

जीवितों

ज़िन्दा लोगों की अदालत में
रोज़ मृतकों को पड़ें आवाज़ें
कभी तो मृतक मुंसिफ़ बनते
कभी भरते हैं खिराजें

क़ब्रों में भी सोने न देते
ये बिंदी, ये नादी
एक बार जो जन्म हैं लेते
वे सुलगे आदि जुनादि

मैं जहाँ खड़ा हूँ

यह मैं जहाँ खड़ा हूँ
वह मेरी ही धरती है
बार-बार ख़ुद को यक़ीन दिलाता हूँ

यह जो लोग मेरे आस-पास हैं
इनके हाथों में जो 'कुछ नहीं' है वह
किसी अफ़वाह से चाक़ू
किसी अफ़वाह से पत्थर
किसी अफ़वाह से 'फूलों की भीगी शाखा' बन जाता है

यह जो मैं कह रहा हूँ
यह न जाने धूप है या जल या पवन या आरी के दंदे हैं

मेरे शब्दों की सब विश्वसनीयता
ख़त्म हो गई

मेरे हर वाक्य की साँकल में
एक कमज़ोर 'शायद' की कड़ी है
किसी पल भी मेरे वाक्यों की साँकल टूट सकती
बिखर सकती है

यह सच है
मैं इस धरती से उगा हूँ

लेकिन यह भी सच है कि
ख़ौफ़ दरख़्तों की जड़ों तक को
तीखे पैर बना देते हैं

वृक्ष भी तेज़ दौड़ते हैं रातों ही रात
एक-दूसरे को काटते, कुचलते, फुफकारते हुए
मान भी लें कि वृक्षों को
कभी पैर नहीं उगते
लेकिन वृक्ष को कहाँ मालूम
कल उसके पास से एक रेखा
चुपचाप गुज़र जाएगी

और तब फ़ैसला होगा
कि वृक्ष को चीरा जाए
या वृक्ष को रखा जाए
'गर उसे चीरा जाना है
तो उसका क्या बनाना है

वृक्षों के ये घने जंगल यह बेचारे क्या जानें

कभी वृक्षों की राय लेकर
तो चलते नहीं आरे

तैयारी

चलो तैयारी करो
उठाओ अपनी ये अर्द्ध-रचित कविताएँ
ये अधबने-से पुल ऐसे ही रहने दो
आजकल में ही नदियों को
बदल लेनी है दिशा

उठाओ गठरियाँ उलझे-से ख़यालों की
दलीलों, नुक्तों, उद्धरणों व उदाहरणों की
उठाओ अपने किन्तु, अगर, मगर, लेकिन
ये अब काम आएँगे किसी अन्य विषय के लिए
बहस करने के लिए

कि यह विषय तो गया
होना था जो हो गया

हम जो कुचले गए
बच गए या डरते रहे
हम जो मारे गए, तड़पते या मरते रहे
हम तो पत्ते हैं सूखे, हरे या फूटते
किसी का रंग हरा है किसी का पीला
किधर जाएँगे

हमारी देश-दिशा क्या है
हमें कुछ नहीं पता

हमारा फ़ैसला तो हमेशा हवाएँ करती हैं
ये तेज़ आँधियाँ, तूफ़ान
ये कहाँ बनते हैं
हमें कुछ पता नहीं है
तपिश को गाली दें या आँधी को
यह गाली अपनी बेचारगी को ही सम्बोधित है

इस गाली की कटुता सीने में सँभालो
गठरियाँ उठा लो उलझे-से ख़यालों की
दलीलों, नुक्तों, उद्धरणों व उदाहरणों की
चलो तैयारी करो...

साईं जी

धूनी
साईं जी के आगे नहीं, भीतर सुलगती है

साईं जी कभी-कभी
बड़ी ही उदास आवाज़ में गाते हैं

जब साईं जी गाते हैं
तो अपनी ही आँतों का साज़ बजाते हैं

गाते-गाते साईं जी
चुप हो जाते हैं
उस चुप में एक साज़ बजता सुनाई देता है
वह साज़ दिखता तो नहीं
लेकिन उसे सुनते हुए लगता है।

उस साज़ की
क़ब्र से लेकर अँधेरे आसमान तक
लम्बी काली स्याह तारें हैं
तारों में घूमते तारे टकराते हैं।

चाँद गूँजता है
हज़ारों मृत-जीवित मुँहों का आलाप जागता है

कभी-कभी यूँ लगता है
जामुनी फूलों से वृक्ष भर रहे हैं
माँएँ अपने बच्चों को छाती से लगाए
और मर्द अपने कुल्हाड़ों से
रात को काट रहे हैं
फिर लगता है
किसी का चाँद घटती पर पड़ा है
उस पर किसी का शोकाकुल बदन झुका है

उदास दूध की बूँदों से
उदास छातियाँ उमगती हैं
करुण आँसुओं से भरे
जैसे लोरियों व शोकगीतों से भरे
दो मुरझाए फल...

साईं जी सुबह हो गई
चलो मदरसे जाकर इल्म के तालिबों को
पढ़ाना है
लगता है आज नहीं जाओगे
यही सोचते हो न कि जाकर क्या पढ़ाएँगे
उगते पौधों को उदास पानी दोगे
फूलों को मुरझाने के कर्ता-वाचक व कर्म-वाचक तरीक़े सिखाओगे

अँधेरे की किताब को
जिस भी पृष्ठ से खोलोगे
उसमें दिल की कालिख मिलाओगे
सच बताएँ साईं जी, यही सोचते हो न?

लगता है आज मेरे साथ भी न बोलोगे
वैसे बोलने को रहा भी क्या है
सच पूछो तो आज तक आपने कहा भी क्या है
हमें तो इंतज़ार ही रहा

कि आप सुलगते हो तो एक दिन लट-लट जल उठोगे

मशाल उठाकर चलोगे
रास्ता दिखाओगे
उदासी की क़ैद से रिहाई पाओगे
और लाखों को रिहा कराओगे

लेकिन लगता है
अब तो हथकड़ियों, बेड़ियों के साथ ही
चले जाओगे
पीछे छूट जाएँगी
आपकी ख़ून से लिखीं पंक्तियाँ

माफ़ करें, ख़ून से लिखने से तो अच्छा था
आप स्याही से लिखते
लेकिन मस्तक की लौ लिखते
उलझे ख़यालों को कुछ सुलझाते
दुख की कोख से बाहर आते...

इस तरह साईं जी बहुत देर
कोसते रहे ख़ुद को
फिर मदरसे की ओर चल पड़े

वहाँ तालिब इल्मों के कोरे काग़ज़ थे
भोली जिज्ञासु आँखें थीं
और साईं जी ने कहा
प्यारे बच्चो
लिखो

अपनी जान का ख़ौफ़
अपने बच्चों के चेहरे
अपने नाम का मोह

और नफ़सानी ख़्वाहिशें

यह चारदीवारी आदमी को उम्र-भर
क़ैद में रखती है

नहीं यह काट दो
लिखो
हमारी व्यवस्था ऐसी है
कि इसमें आदमी को
अपनी हज़ारों इच्छाओं का
दमन करना पड़ता है
यह दमन ही उदासी है
यही दहशत है लिखो
नहीं यह भी नहीं
तुम लिखो...

फिर साईं जी बहुत देर कुछ न बोले
शायद वे अपने मन की बावड़ी की
सीढ़ियाँ उतरने लगे थे
जहाँ उदास माँओं के आँसुओं का पानी था
वह साईं जी का तीर्थ था
उनकी दरगाह
जब साईं जी उस दरगाह से आएँगे
तो उदास गीत गाएँगे
फिर गाते-गाते चुप कर जाएँगे

उनकी चुप्पी में
वह साज़ बजता सुनाई देगा
जो दिखता तो नहीं
लेकिन सुनाई देता जान पड़ता है
उस साज़ की
क़ब्र से लेकर अँधेरे आसमान तक

लम्बी काली स्याह तारें हैं
तारों में घूमते तारे टकराते हैं
चाँद गूँजता है
हज़ारों मृत-जीवित मुँहों का आलाप जागता है

पुरखों के रास्ते पर

आती हुई सर्दियों में
या और एक-दो सालों में
बेकाबू घटनाएँ
रोग, शोक, पराजयों में
जाल तंद तारों में
बेपहचान सहमों में
हर तरह के वहमों में
डरे हुए भेदों में
घिर जाऊँगा प्रेतों में

भाषा न होगी
अपनी ही सोचों की
व्याख्या न होगी

शाम उतर आएगी
अन्धकार होगा
मैं भी फिर जाऊँगा
हथेलियों पर दीप रखकर
पुरखों के रास्ते पर

छाती में जो अग्नि
सुलगती ही रहती है
दीपों को दे दूँगा
ख़ुद शान्त हो जाऊँगा

इस अदालत में

मैंने अपने तालाब में जो कमल खिलाए थे
उनकी सुन्दरता की चर्चा
जो आपने की है
उसके लिए मैं अपना सम्मान प्रकट करता हूँ
लेकिन आज कमल तो नहीं
जिसमें उमगते हैं कमल
आपके सामने वह कीचड़ पेश करता हूँ

जब से होश सँभाला है
मैंने यही देखा है
कि इस दिल में कोई शोक है, उदासी है
कोई काँटा है, जो ज़ेहन में है गड़ा रहता
और मेरी जान परेशान है निराश है

उदासियों के पदचिन्ह मैं हमेशा खोजता रहता हूँ
हर बार यह मेरे मन के पास ही ख़त्म होती है
मैं पीछे-पीछे चलता हूँ ख़ून के क़तरों के
ये क़तरे ख़त्म होते हैं उसी गुफा में जाकर
जिस गुफा में मेरे मन का ही अँधेरा है
अनेक बार मैंने दोषी का हाथ पकड़ा है
हर बार मैंने देखा यह हाथ मेरा है

गुफा में पड़ी हैं
स्वार्थों की खाइयाँ
गुफा में बन्द हैं
दैत्य मेरे अहं के
गुफा में काली इच्छाओं का कोई जंगल

गुफा में ख़ौफ़ है
ख़ुद को बचाकर रखने का
'गर यह न हो तो मैं
हरी ज़मीन पर निर्मल, निस्संग व निर्भय
धूप की तरह बिछ जाऊँ

न कोई डर कि कोई मेरे दाग़ देख लेगा
न परदादारी बने
मेरी जिंद जान का जंजाल

कथा भी जिसकी निस्संग होकर लिखी न जाए
वह चोर चुप-सा जीवन भी कैसा जीवन है
जिसकी मैली-सी गाँठ भी खोल न सकें
वह कैसा दिल है, कैसी आत्मा, कैसा मन है

कभी वह वक़्त भी आए कि मैं कह उठूँ :

कि लो मैं बिछा हूँ
इस धरती पर रोशनी की तरह
मैं आज अपने अहं का प्रकाश करता हूँ
लो, ये पेश हैं मेरे जले-बुझे तारे
मैं दिल को खोलकर रोशन आसमान करता हूँ

हूँ गहरा फुफकारता दरिया
लेकिन इस अदालत में
इतना सतही बहता हूँ मेरी रेत दिखती है

मैं अपनी रात को बिखराकर धूप में डाल दूँ
कुछ इस तरह कि मेरे सपनों का रहस्य खुले
छुपे अन्धकारो आओ कि अपनी कविता के
दरवाज़े मैं आपके लिए खोलता हूँ
उदास दिल के अँधेरे में क़ैद भावनाओं की
रिहाई के लिए मैं तहख़ाने खोलता हूँ
और अपने अस्तित्व की बेड़ी को
यात्रा के लिए
आज अपने नाम के खूँटे से मैं खोलता हूँ

मैं जन्म-जन्म से तप रहा
आज शान्त हो जाना था लेकिन
अब अंश वंश के रूप में
मैं तपूँगा जन्म-जन्म तक

परदेस

मैं दो-तीन क़दम ही चलता हूँ
कि अब परदेस आ जाता
मेरे लगाए दरख़्तों के साए
कितने छोटे हैं!

दो आवाज़ें

जो लिखना है पानी पर लिख जाओ
लहरों के नीचे उतर जाओ
तुम अब मर जाओ

अस्तित्व के इस चौराहे पर
गठरी की तरह खुल जाओ
असीम बन जाओ
और अपना नाम-पता भूल जाओ
अपने नाम की ज़ंजीर तोड़ डालो
बेनाम तनकर बिखर जाओ

काम-काम तुम दे दो अग्नि को
मोह-मोह दे दो जल को
तूफ़ानों को दे दो क्रोध-क्रोध
लोभ-लोभ जंगलों को
जिस-जिस का जो-जो कुछ है—लौटा दो
क़र्ज़ की तरह उतर जाओ

तुमसे कहे न भीगने को
ख़ुद नदियाँ बहाए
स्वयं अखंड और तुमसे कहे
यह नेकी ये बदियाँ

ख़ुद तो बसना गहराइयों में
तुमसे कहना तैर जाओ
बुझनेवाली एक ज्योति जलाकर
तुम्हें निकट बैठाया
कभी बरसाई बूँदाबाँदी
कभी तूफ़ान उठाए
'गर ज्योति डोली जगमग
दोष तुम्हारे सिर आए
जिसने ज्योति जलाई
उसने ख़ुद ही तूफ़ान उठाया
तुम हटो रास्ते से उसकी ज्योति
उसी के तूफ़ानों में रखो

तुम कौन हो जो बने फिरते हो
ज्योति के रखवाले
तुमसे कब कहा था उसने
यह अँधेरे उजाले
मिलने दो इन अँधेरों-उजालों को
तुम बीच से हट जाओ

सीने में सदाचार के
सौ संताप तुम सहोगे
फिर भी वे तुम्हें मैला
तुम्हें गँदला ही कहेंगे
इच्छा और आदर्श में टूटकर
ख़ुद से बिछुड़े रहना
तुम्हारे गले में किसने डालकर तौक
कहा गहना

मैं कब मैं था
जल था, अग्नि थी
पवन था, थल था

और इन सबके भीतर
तड़पन थी, हलचल थी
जन्म-मरन था, उतार-चढ़ाव था
और न कोई बात थी

सूर्य तपा
जल उबला
भाप बनकर उड़ा
पर्वत पहुँच बादल बना
पानी बनकर बरसा
उस उबलने से
उस बरसने से
दुख-सुख पैदा हुए

अग्नि को
ज्योतों, चूल्हों, चिताओं में बाँटकर
पुण्य-पाप तो मैंने स्वयं ही बनाए

ईश्वर मेरी सृजित कविता है

सागर मेरी आँखों से रोए
मैं न होऊँ
तो वह किसकी साँसों के बल पर
गीत या आह होवे

सूरज जब नदी के माथे से
किरण छुआए
या पर्वत का जल जिस पल
सागर में समाए

मैं न होऊँ
तो वह विस्माद में कैसे आए

कैसे वह वेदना झेले

यह वियोग तो
पत्थरों में बुत तराशने के लिए है

यह वियोग तो
दरवाज़े चीरने की ख़ातिर

और संयोग तो
वापस आना

और निर्वाण तो जन्म-पल से पीछे जाना

बुद्ध-पूर्णिमा : विदा-कथा

गौतमी पाँवों में ज़ंजीर न पाई गई
सिर्फ़ नाज़ुक बेल उसके गले में लिपटाई गई

फूलों को देखकर कुम्हलाते जो उदास हो जाता था
उस बेटे के लिए
शुद्धोदन की पेश न गई
नहीं तो वह सूरज को
डूबने से रोक देता
ऋतुओं को बदलने से भी

अपने बाग़ों के दरों पर
हुक्म लिखकर टाँग देता :
यहाँ पतझड़ों का आना मना है
साँप का ज़हर होता तो चूस लेता
अपने बेटे के सीने से उदासी

फूल-से लाल मेरे
आग-से जग में
सम्भव नहीं फूल बनकर जीना

नाज़ुक बेल से जब फूल एक दिन खिल उठा
शुद्धोदन ने फिर कहा :

अब कोई ख़तरा नहीं
जिगर के फूल को यह छोड़ जाएगा नहीं
फूलों को देख कुम्हलाते जो हो जाता था उदास
चला गया वह
सोए हुए आँसुओं की ज़ंजीर को तोड़कर

जब होगी सुबह
बुझ जाएँगे नयन यशोधरा के
उसके सीने में पल्लवित प्रभात कहेंगे
क्या कहेंगे!

उनका कहना भी एक उपदेश है
जो शिलालेखों पर उकेरे बग़ैर भी अमर है
लेकिन नहीं, अभी नहीं
अभी मेरे सीने में मौत का घोंसला है
अभी मेरी आँखों में नरक के कुंड जल रहे हैं

जो भी मैं देखूँ
देखते ही हो जाए राख
जो भी मैं छुऊँ
छूते ही हो जाए कंकाल
मेरे हाथों की हथेलियों पर रखे
चाँद-सूरज चिताओं की तरह जल रहे

आँसुओं की ज़ंजीर
कैसे बुझा सकती है इतनी आग...

मेरी प्रतीक्षा

लगता है
कहीं और हो रही है मेरी प्रतीक्षा
मैं यहाँ बैठा हूँ

लगता है
मैं ब्रह्मांड के संकेत नहीं समझता

पल-पल की लाश
पुल बनकर
मेरे आगे बिछ रही है
और मुझे लिये जा रही है
किसी ऐसी दिशा में
जो मेरी नहीं

गिर रहा है
मेरी उम्र का क्षण-क्षण
कंकड़ों की तरह
मेरे ऊपर
ढेर बन रहा बहुत ऊँचा
नीचे से सुनती नहीं मुझे मेरी आवाज़

आधी रात में
जब कभी जागता हूँ

सुनता हूँ कायनात
तो लगता है
बहुत बेसुरा गा रहा हूँ मैं
छोड़ गया हूँ सच के सा...को

मुझे कुचलने पड़ेंगे अपने पदचिन्ह
लौटाने होंगे अपने बोल
कविताओं को उलटा टाँगना होगा
घूम रहे सितारों-नक्षत्रों के बीच

घूम रहे ब्रह्मांड के बीच
सुनाई देती है
किसी माँ की लोरी

लोरी से बड़ा नहीं कोई उपदेश
चूल्हे में जलती आग से नहीं बड़ी कोई
रोशनी

लगता है
कहीं और हो रही है मेरी प्रतीक्षा
मैं यहाँ बैठा हूँ

हज़ारों परिंदे

हज़ारों परिंदे
मेरे मन में क़ैदी
सुनूँ रात-दिन मैं
ये देते दुहाई :
रिहाई
रिहाई...

चाहे हम जाकर
कहीं भी बिंधे हों
बहें हमारी काया से
रक्त के फौवारे

चाहे हम जाकर
कहीं झुलस जाएँ
जलें हमारे पंखों के
सिल्की किनारे

बस अब जाने दो
तुम हमें कहीं भी
तुम्हारी क़ैद से
हमें लगते हैं अच्छे
शिकारी और मांसख़ोर कसाई

तब तुम वृक्ष थे
जब उतरे थे
हम शाख़ाओं पे

तब कहा था तुमने :
उड़ो आकाशों में
जब थक जाओ
परे पास आओ
जब ऊब जाओ
तो फिर पंख तौलो
हवाओं में पंखों से ख़त लिखते जाओ

तुम हमारे हमेशा के लिए
उड़ने से डरते
और पत्तों के सूखने
झड़ने से डरते
तुम अब वृक्ष से
पिंजरा बन गए हो

और ऋतुओं के आने-जाने से डरते
तुम अपने ही मन के दरों पर लगे हुए
किसी आतंक का ताला बन गए हो

हम शब्द तुम्हारे
हम बोल तुम्हारे
हम तुम्हारे भीतर
पड़े मर रहे हैं
हमें विदा कर दो
और पिंजरे से
तुम फिर वृक्ष हो जाओ
फ़िज़ाओं में गूँजने दो
मुक्ति के नग़मे
हम सूने आकाश को भर देंगे

हम इस मातम जैसी चुप्पी को
तरन्नुम-तरन्नुम-सी कर देंगे

तुम क्यों अपने रास्ते में
ख़ुद ही खड़े हो
तुम क्यों अपना दिल खोलने से
यूँ डर रहे हो
तुम आलाप लो
कि बहें फिर से नदियाँ
तुम आलाप लो
कि चलें फिर हवाएँ

तुम फिर घोल लो
जाम में मौत-जीवन
तुम फिर ठग लो
उस ठगों के ठग को

और यूँ पिंजरे से
तुम फिर वृक्ष हो जाओ
और शाख़ों की तरह—हवाओं में झूलते
ख़ुशी और उदासी में
बन जा शैदाई
रिहाई
रिहाई...

हज़ारों परिंदे
मेरे मन में क़ैदी
सुनूँ रात-दिन मैं
ये देते दुहाई :
रिहाई
रिहाई...